MILTON ALVES

A SAÍDA É PELA ESQUERDA

KOTTER EDITORIAL

Coordenação editorial: Sálvio Nienkötter
Editor-executivo: Raul K. Souza
Editora-adjunta: Isadora M. Castro Custódio
Editores assistentes: Daniel Osiecki e Francieli Cunico
Revisão: Daniel Osiecki
Capa: Paula Villa Nova
Projeto gráfico: Carlos Garcia Fernandes
Produção: Cristiane Nienkötter
Preparação de originais: o Autor

Dados Internacionais de Catalogação na Publicação (CIP)
Angelica Ilacqua CRB-8/7057

Alves, Milton.
A saída é pela esquerda / Milton Alves. -- Curitiba : Kotter Editorial, 2020.
264 p.

ISBN 978-65-86526-48-6

1. Ciência política 2. Brasil - Política e governo - Artigos 3. Jornalismo I. Título

CDD 320

20-3558

KOTTER EDITORIAL

Kotter Editorial Ltda.
Rua das Cerejeiras, 194
CEP: 82700-510 - Curitiba - PR
Tel. + 55(41) 3585-5161
www.kotter.com.br | contato@kotter.com.br

Feito o depósito legal
1ª Edição
2020

MILTON ALVES

A SAÍDA É PELA ESQUERDA

SUMÁRIO

Anexos

Apresentação

"A Saída é pela Esquerda"

Primeiramente, eu gostaria de contextualizar o leitor em tom de denúncia. Neste momento, estamos entrando no quinto mês de distanciamento social em virtude da pandemia da Covid-19, a doença do novo coronavírus, que, até o presente momento, mata quase cem mil e infecta cerca de 3 milhões de brasileiros. Esse triste cenário foi possível graças as práticas genocidas do governo do presidente Jair Bolsonaro, de seu negacionismo acerca da letalidade do vírus, da falta de assertividade no âmbito de políticas sanitárias e do crime que ele comete, ao lado de seu comparsa Paulo Guedes, contra a economia popular e a soberania do Brasil.

Ou o povo morre contaminado pela Covid-19 ou morre de fome, dada a omissão do governo federal.

Dito isto, é com muita honra que aceitei fazer a apresentação do segundo livro de Milton Alves, "A Saída é pela Esquerda", que é mais do que uma simples leitura retroativa dos acontecimentos, mas um comando imperativo que aponta para o rumo a ser seguido pelas forças vivas e pela Nação brasileira. A presente obra tem tudo para se tornar um best seller da política, dos partidos, das entidades e da academia, assim como foi "A política, além da notícia", lançada em agosto de 2019, que também fiz a exegese.

Milton Alves é o nosso "John Reed" dos tempos modernos e das redes sociais. Um atento ativista político e social que registra os principais acontecimentos factuais. Nada lhe escapa ao aguçado faro jornalístico, expertise ganhada em 40 anos de militância política na esquerda brasileira – primeiro no MR-8 (Movimento Revolucionário 8 de Outubro), depois no PCdoB e agora no PT. Azar do presidente Jair Bolsonaro e do ex-juiz Sérgio Moro, como o leitor pode depreender ao longo das páginas dessa obra.

Não é nenhum exagero comparar Milton Alves ao jornalista americano autor do livro "Dez dias que abalaram o Mundo", sobre a cobertura da Revolução Russa, em 1917, porque o escriba de "A Saída é pela Esquerda" também costuma estar no olho do furacão para tirar suas impressões políticas, sociais e econômicas. Sorte do leitor. Sorte da história, que tem um registro fazendo um efetivo contraponto à narrativa oficial dos donos do poder e da mídia corporativa na atual conjuntura.

A história costuma estar do lado dos vencedores, por isso esta nova obra de Milton Alves é importante. Ou alguém duvida de que a sociedade socialista, ao final, triunfará ante o capitalismo selvagem?

A presente obra capta o período que compreende o início do ano de 2019 e avança para o momento atual, isto é, o segundo semestre de 2020. Os textos do autor revelam as arbitrariedades da força-tarefa Lava Jato, comandada pelo ex-juiz Sérgio Moro e pelo procurador Deltan Dallagnol, denunciadas na série de reportagens conhecidas como "Vaza Jato" do site *The Intercept Brasil*, que dissecaram o 'modus operandi' da criminosa perseguição penal ao ex-presidente Luiz Inácio Lula da Silva e ao Partido dos Trabalhadores (PT).

Lula ficou preso ilegalmente em Curitiba por 580 dias, haja vista sua sentença precária proferida politicamente por Moro: sem provas e só com convicção. Esse tempo de reclusão do petista foi cronologicamente executado – desde a denúncia, aceitação, condenação e execução da pena – para possibilitar a vitória eleitoral do candidato da extrema direita na eleição presidencial de 2018, o então medíocre deputado federal Jair Bolsonaro. Um parlamentar do baixo clero e do grupo fisiologista Centrão, que chegou ao Palácio do Planalto com a providencial ajuda da Lava Jato e dos veículos de comunicação da mídia corporativa, a velha mídia golpista, como gostava de frisar o meu saudoso amigo jornalista Paulo Henrique Amorim.

Eu tive muita felicidade como editor do Blog do Esmael publicar a totalidade dos textos de Milton Alves ao longo desse período escrutinado nesta obra. Por isso, mais uma vez, tenho bastante a agradecer e desejo sucesso ao autor.

Curitiba, agosto de 2020.
Esmael Morais
Jornalista, editor do blog https://www.esmaelmorais.com.br

Prefácio

Não há mais distâncias

O Brasil foi o último país das Américas a abolir a escravidão do povo negro. É possível que, já naquele momento, se passasse a dizer que o Brasil era o país do futuro - reserva necessária, porque daquele presente certamente não o era. As enormes diferenças entre o Brasil e o mundo desenvolvido (leia-se Europa e Estados Unidos, mais tarde o Japão e agora a China) deixaram uma marca profunda em nossa índole.

Mas o tempo passa, as coisas mudam, muitas vezes num sentido difícil de ser percebido de imediato. Vieram duas guerras mundiais, em quase metade do mundo a burguesia foi expropriada, o mundo viveu a neurose de uma terceira guerra mundial, com a chamada "guerra fria". O Brasil começou seu processo de industrialização, a classe operária se multiplicou e se fortaleceu com seus sindicatos e seu partido, que chegou ao poder, na figura do líder operário metalúrgico Luís Inácio Lula da Silva.

Ninguém esperava, mas foi na América Latina, nesse momento de crise aguda do capitalismo, que floresceu um notável interregno. Enquanto a economia europeia marchava rumo à estagnação, e mesmo à recessão, enquanto a ofensiva dos monopólios multinacionais fazia crescer o desemprego na classe operária europeia, enquanto conquistas de muitas décadas eram questionadas e muitas vezes liquidadas - nosso continente caminhava na contramão, mas dessa vez num sentido favorável: o progresso, o avanço social, estava aqui, em nossa casa, e não no Velho Mundo.

Em condições, ritmos e formas diferentes, os povos do Brasil, Uruguai, Argentina, Chile, Paraguai, Bolívia, Equador, Venezuela e Honduras vieram somar-se às experiências de Cuba e Nicarágua. A população teve conquistas sociais e econômicas que estavam sendo negadas aos trabalhadores da Europa.

Quase todos esses processos foram abruptamente interrompidos por golpes judiciários, parlamentares ou paramilitares, mas isso nos deixou várias lições.

Nós, que vivemos no Brasil sob o tacão de um governo genocida, protofascista, precisamos entender que aquilo que Bolsonaro tenta fazer ao país (e, em grande parte, está conseguindo) não é nenhuma inovação. Faz parte de um programa não escrito (e, às vezes, até escrito) do capitalismo em crise para o mundo todo. Vale tanto para os países mais pobres da África quanto para as nações mais ricas da Europa. Em toda parte, direitos conquistados com muita luta pela classe trabalhadora estão sendo atacados, como a previdência e as aposentadorias, os serviços públicos, os salários, mesmo os empregos.

A pandemia aprofundou a crise e a ofensiva do capital financeiro. Quando um ministro de Bolsonaro defende que o governo se aproveite da pandemia para "passar a boiada", ele nada mais faz do que seguir o receituário que já está sendo aplicado pelo mercado financeiro em todo o mundo.

Assim como o movimento do capital financeiro, a resistência dos povos, da classe trabalhadora, também transcende fronteiras. Estamos testemunhando explosões sociais, diferentes na sua forma, mas muito semelhantes quanto ao conteúdo, na Argélia (Norte da África), no Chile e no Equador (América do Sul), Líbano e Iraque (Oriente Médio), Sérvia (Bálcãs europeus), França (Europa Ocidental), aos quais deve-se acrescentar os Estados Unidos, país capitalista dominante, onde o movimento contra o racismo e a violência policial põe em xeque todo o governo.

As distâncias, no tempo e no espaço, se encurtaram drasticamente. Para nós, vinculados às lutas da classe trabalhadora, é urgente entender esta sincronicidade para que a nossa luta integre essa dimensão universal.

Milton Alves, nosso companheiro de lutas há muitas décadas, dispõe-se nos artigos deste livro a analisar a conjuntura brasileira dos anos recentes, com um viés militante. Importa muito entender o que se passa, mas importa mais, à luz dessa compreensão, extrair eixos para a atuação transformadora nesta conjuntura.

Afinal, como já disse um velho revolucionário do século 19, não basta interpretar o mundo - é necessário transformá-lo.

Angelo Vanhoni é professor, foi deputado federal, deputado estadual e vereador. Atualmente, exerce a presidência do Partido dos Trabalhadores (PT) de Curitiba.

Velha direita quer Bolsonaro 'pato manco' e salvar agenda de Guedes

Publicado em 22/06/2020

A decisão do PSDB de rejeitar a fórmula política do impeachment, acompanhada pelo DEM, aponta que os partidos da velha direita, em companhia do bloco parlamentar conhecido como "Centrão", dos generais palacianos, do empresariado rentista e a Rede Globo operam pelo caminho político do desgaste continuado do presidente Jair Bolsonaro. Ou seja, o establishment prefere ter um Bolsonaro sangrando de forma gradual e segura para garantir a aplicação da agenda neoliberal do ministro da Economia Paulo Guedes -, de privatizações e do esmagamento da renda e das condições de vida da classe trabalhadora.

A operação em curso para salvar a agenda de Guedes foi potencializada nos últimos dias pelos sucessivos golpes desferidos pelo STF contra os impulsos bonapartistas e delinquentes de Bolsonaro – e fortalecida com o aprisionamento de Fabrício Queiroz, tesoureiro do clã, e pela fuga desesperada do ex-ministro da Educação, Abraham Weintraub.

O movimento das forças políticas da velha direita busca três objetivos: 1º. Enfraquecer Bolsonaro, mas não derrubá-lo; 2º. Preservar a agenda neoliberal de Paulo Guedes. 3º. Isolar a oposição de esquerda, em particular o PT e Lula.

Um efeito colateral dessa operação do establishment foi o esvaziamento da tática de "Frente Ampla", uma tentativa de articulação entre as velhas legendas direitistas e os partidos da centro-esquerda. É verdade que o ex-presidente Fernando Henrique até se esforçou para juntar numa mesma mesa Rodrigo Maia (DEM), Marina (Rede), Flávio Dino (PCdoB) e Luciano Huck (Cidadania-Globo), porém a combustão do atual momento político empurrou os partidos da velha direita – PSDB, DEM, MDB e o Centrão – para uma linha de contenção de Bolsonaro, com o objetivo de blindar a agenda neoliberal de desmonte do país.

O Congresso Nacional e o Supremo Tribunal Federal (STF) – controlados pelas forças políticas conservadoras e da velha direita – já operam como diques de contenção do bolsonarismo.

O presidente Bolsonaro já sentiu o bafo quente na nuca e manda mensagens apaziguadoras, ganhando tempo para retomar o fôlego. Se é verdade que o governo perdeu a iniciativa política nas últimas duas semanas, no entanto, ele ainda conta com apoio social de cerca de 30% da população e cultiva fortes laços de solidariedade nas Forças Armadas. A tensão entre o governo da extrema direita e as forças da direita tradicional continuarão existindo no próximo período, um equilíbrio precário, mas necessário para impedir um cenário de emergência da mobilização popular por uma alternativa sem Bolsonaro e a direita neoliberal.

Neste sentido, a oposição de esquerda, em particular o Partido dos Trabalhadores (PT), tem o imenso e duplo desafio de unificar o conjunto das forças do campo popular e democrático e, ao mesmo tempo, demarcar com a velha direita, atuando com nitidez na defesa de uma *saída pela esquerda* da crise política, econômica e sanitária em curso.

A presidente do PT, deputada Gleisi Hoffmann, em recente artigo publicado na Folha de São Paulo, apontou que "o Brasil não suportará uma saída 'por cima', para manter a agenda de Guedes com ou sem Bolsonaro. Nem voltará à normalidade sem reparar a injustiça e restaurar os direitos do ex-presidente Lula. Mais que o impeachment, o PT defende novas eleições com participação de todas as forças políticas. Ou enfrentamos a crise com o povo ou ela só vai se aprofundar".

A chave política sugerida pela líder petista significa a rejeição de qualquer "frente ou pacto" que conduza para uma solução pelo alto, sem luta e mobilização popular para derrotar Bolsonaro, o que abriria espaços para saídas que preservem o atual modelo econômico neoliberal de espoliação dos trabalhadores e dos mais pobres.

Portanto, a esquerda deve apostar na retomada das ruas, acumulando mais e mais forças na luta pelo "Fora, Bolsonaro!", construindo um bloco político e social capaz de se constituir como alternativa de governo no bojo do combate ao neoliberalismo, ao autoritarismo e aos truques e manobras das velhas elites do país.

A Comuna de Capitol Hill abala 'sistema nervoso' de Trump

Publicado em 15/06/2022

A Comuna de Capitol Hill, em pleno coração da cidade de Seattle, completa uma semana e virou uma incômoda espinha entalada na garganta do presidente Donald Trump, que vociferou no Twitter ordenando à prefeita democrata Jenny Durkan e ao governador a retomada imediata da área.

Ativistas do movimento Black Lives Matter, coletivos autonomistas e anarquistas, entre outros grupos, criaram a "zona autônoma de Capitol Hill", no estado de Washington, noroeste dos Estados Unidos. A área autônoma, cercada por barricadas, se estende por cerca de dez quarteirões no bairro de Capitol Hill, incluindo um dos distritos policiais da cidade. A região, na área central de Seattle, foi palco de protestos e de confrontos com a polícia após o assassinato de George Floyd em Minneapolis, Minessota, no último dia 25 de maio.

Trump reiniciou a campanha pela reeleição sob o signo das vigorosas revoltas da população negra em todo o país e da simbólica Comuna de Capitol Hill. Setores da extrema direita pedem uma ação de força contra os "terroristas", expressão também usada pelo presidente norte-americano contra os novos "communards" da era das redes sociais globalizadas.

As imagens de Capitol Hill, nestes dias, nos remetem esteticamente aos acampamentos autogestionários de hippies dos anos 60' e segundo o jornal New York Times trata-se de uma mistura de "festival de rua com comuna politizada". Já para a trumpista Fox News, o local se tornou um perigoso ninho de terroristas e malfeitores, que promovem o caos, a extorsão de empresários na área ocupada e ameaçam incendiar o país.

O debate nacional em torno de Capitol Hill expressa as profundas contradições de classe da sociedade norte-americana. A onda de protestos antirracistas e contra a violência policial surgida no bojo do assassinato de George Floyd, é uma das pontas do esgarçamento social no país -, com cerca de 40 milhões de desempregados e assolado pela pandemia do coronavírus.

Uma olhada na pauta de reivindicações do movimento retrata com exatidão as agruras e percalços da maioria da população negra e branca pobre dos Estados Unidos. As 30 demandas apresentadas pela Comuna de Capitol Hill são as mesmas apresentadas pelos diversos movimentos e coalizões de luta por direitos nos EUA.

As demandas abordam questões econômicas e sociais como mais investimentos na Saúde, criação de um sistema de acesso à moradia, financiamento público para as universidades, mais proteção social do Estado. Além disso, há as reivindicações que deram origem aos protestos: fim da repressão policial sistemática e brutalizada contra a população negra, mudança dos protocolos policiais e desmilitarização, implantação de uma segurança comunitária, com patrulhas formadas por moradores e a retirada de todas as acusações contra os participantes dos protestos antirracistas.

Diversos analistas políticos enxergam o movimento como parte de uma trama para favorecer o Partido Democrata nas eleições de novembro, que tem como candidato um "picolé de xuxu", o desbotado Joe Biden. Analistas vinculados ao pensamento conspirativo de Steve Bannon acreditam em uma grande armação do "estado profundo" [o deep state], com transferências de fabulosas somas de dinheiro e aportes tecnológicos ao Black Lives Matter, que seria controlado pelo casal Obama. As duas avaliações integram narrativas envolvidas na disputa política imediata já pautada pelas eleições presidenciais.

Os protestos e a própria comuna de Seattle são inseparáveis da luta por mais democracia e inclusão na sociedade norte-americana, revelando a fraqueza e a decadência em curso do establishment imperialista. As forças progressistas e de esquerda devem apoiar e manifestar simpatia pelo levante no coração do império – sem recorrer aos modelos mentais e receitas ideológicas préestabelecidas.

Um efeito imediato de Capitol Hill foi o abalo no sistema nervoso de Trump e de seu "estado maior de campanha" e também foi uma semana em que a política doméstica tirou o sono da extrema direita trumpista, aliviando a carga de maquinações contra a Venezuela e Cuba – pelo menos por alguns dias e horas. E tudo isso graças aos jovens e conectados "communards" de Capitol Hill. É pouco, não vai dar em nada, diriam alguns, mas é muito...

Junho de 2020: Esquerda retoma as ruas com manifestações potentes

Publicado em 08/06/2020

Domingo, 7 de junho: a esquerda retoma as ruas do país com manifestações potentes pela democracia, contra o fascismo, o racismo e pelo Fora, Bolsonaro!. Um dia vitorioso para quem apostou na mobilização popular. Uma palavra de ordem gritada na manifestação de Belo Horizonte sintetiza a potência dos atos deste domingo: "Recua, fascista, recua, que o poder popular tá na rua".

Foi uma boa largada em São Paulo, Belo Horizonte, Porto Alegre, Brasília e Rio de Janeiro. Manifestações que indicam a disposição de luta e acumularam forças para as próximas jornadas.

Durante a semana o governo Bolsonaro desatou uma forte ofensiva contra as manifestações programadas para este domingo, criminalizando e ameaçando os organizadores. O presidente atacou o movimento como "terrorista", um deputado bolsonarista de São Paulo chegou a publicar um dossiê de mil páginas com fotos e endereços de militantes e ativistas.

Ao mesmo tempo, um debate acesso tomou conta da esquerda sobre a realização das manifestações. Até uma infeliz nota foi veiculada por partidos progressistas no Senado (incluindo o PT) fazendo um apelo para que as pessoas não participassem das manifestações convocadas. Havia hesitação nos dois principais partidos de esquerda: PT, dividido, e no PSOL. O PCdoB preferiu fazer uma live com Fernando Henrique Cardoso no sábado.

Além disso, a Central Única dos Trabalhadores (CUT) manteve a posição de convocar somente um calendário virtual de mobilização pelas redes sociais.

A realização dos atos foi, portanto, um tento importante dos setores da esquerda que apostaram no impulso iniciado pelo movimento das torcidas organizadas antifascistas. Um acerto que anima a militância popular e de esquerda, sinalizando para uma retomada organizada e combativa das ruas.

No plano político mais geral aponta para o necessário e indispensável protagonismo das forças de esquerda na construção de uma saída democrática para a crise do governo Bolsonaro – e de seu modelo neoliberal e autoritário –, rompendo com propostas enganosas e desmobilizadoras como o da suposta "Frente Ampla" com Fernando Henrique, Ciro Gomes, Rodrigo Maia, Luciano Huck e dissidentes do bolsonarismo.

A lição dos atos de domingo explicita, mais uma vez, que o combate ao fascismo e pelo Fora, Bolsonaro! será resolvido, principalmente, na frente de batalha das ruas, com a mobilização organizada da população trabalhadora e pobre. É uma mudança de qualidade no enfrentamento para além da limitada ação institucional-parlamentar e das articulações políticas "por cima de frentes" sem rosto e conteúdo.

As ruas não serão dos fascistas

Publicado em 02/06/2020

A paisagem de domingo (31) na Avenida Paulista, centro expandido da capital, testemunhou uma potente manifestação pela democracia organizada por integrantes das torcidas de times de futebol de São Paulo. Atos semelhantes ocorreram no Rio de Janeiro, Belo Horizonte, Curitiba e Porto Alegre.

As manifestações dos integrantes de torcidas organizadas foram impulsionadas pelos eixos da luta pela democracia e contra a ocupação das ruas pelos bandos neofascistas estimulados pelo presidente Jair Bolsonaro.

Nas últimas semanas, grupos de nítidas inspirações neofascistas passaram a realizar atos de rua, de afronta à democracia e de caráter abertamente golpista. As concentrações da extrema direita também confrontavam o isolamento social como forma de combate à expansão da pandemia do coronavírus.

Nesse cenário, a esquerda partidária e social, ausente das ruas por uma correta opção em defesa da vida, assistiu às provocações e aos desmandos dos bandos neofascistas do bolsonarismo. Apesar de atos minoritários e raivosos, as concentrações serviram de combustível para a escalada antidemocrática de Bolsonaro contra os opositores políticos, o Congresso Nacional e o Supremo Tribunal Federal (STF). Uma impressão de força combinada com as ações da rede criminosa na Internet comandada pelo chamado "gabinete do ódio".

A entrada em cena da componente popular, com a retomada de atos públicos, foi o grande fato político da semana, polarizando com as hordas do fascismo no mesmo terreno -, nas ruas. O gesto concreto, além do simbolismo político, de imediato, anima a militância popular e de esquerda, apontando um rumo para deter a escalada do projeto golpista e neoliberal do governo da extrema direita.

Já durante a semana passada, trabalhadores do setor da Saúde, na linha de frente do combate ao coronavírus, protestaram nas ruas contra os descasos do governo federal e de alguns governos estaduais no enfrentamento sério da pandemia.

A lição dos atos deste domingo indica que o combate ao fascismo e pelo Fora, Bolsonaro! será resolvido, principalmente, na frente de batalha das ruas, com a mobilização organizada da população trabalhadora e pobre. É uma mudança de qualidade no enfrentamento para além da limitada ação institucional-parlamentar e das articulações políticas "por cima" de "frentes" sem rosto e conteúdo, sem o protagonismo popular.

Somente uma resistência ativa e de massas, impulsionada pela esquerda e os movimentos sociais, será capaz de criar uma muralha política para abater os intentos fascistas do governo bolsonarista de neoliberais e generais palacianos, abrindo uma saída democrática para a crise política, econômica, sanitária e institucional em curso.

Nas ruas respeitando e protegendo a vida! Nas ruas para derrotar o projeto criminoso do neofascismo! Fora, Bolsonaro!

PF atua como 'polícia política' de Bolsonaro contra Witzel

Publicado em 26/05/2020

A Polícia Federal (PF), sob controle e interferência direta do governo Bolsonaro, realizou uma ação de busca e apreensão na manhã desta terça-feira (26) no Palácio das Laranjeiras, residência oficial do governador do Rio de Janeiro, Wilson Witzel (PSC).

A chamada Operação Placebo adota o mesmo "modus operandi" do lavajatismo da época de Sergio Moro: ação de tipo espetacular e midiática – o que revela a instrumentalização perigosa da PF pelo governo bolsonarista.

A ação da Polícia Federal busca indícios de desvios de recursos na compra de equipamentos e insumos para o combate ao novo coronavírus no Rio de Janeiro e São Paulo. Essa foi a cobertura legal apresentada pela corporação policial.

Alvo da operação, o governador Wilson Witzel declarou que a "interferência [na PF] anunciada pelo presidente está oficializada". Antigo aliado de Bolsonaro, Witzel é no momento um inimigo político do clã Bolsonaro. O governo do Rio de Janeiro é investigado pela compra de testes rápidos para a Covid-19 e de equipamentos para a montagem de hospitais de campanha com preços superfaturados.

O episódio revela o aparelhamento da PF, que é a polícia judiciária da União, para atuar como um braço policial do governo do presidente Bolsonaro, abrindo um precedente perigoso que revela a natureza abertamente autoritária e neofascista do bolsonarismo.

A Polícia Federal age no Rio como atuavam os DOI-CODI's da ditadura militar, uma polícia política para intimidar e reprimir os opositores políticos do governo. Hoje foi o Witzel, amanhã serão os partidos de esquerda, os movimentos populares, a imprensa e os sindicatos de trabalhadores.

É preciso deter a escalada autoritária do governo Bolsonaro, que prepara o terreno para um autogolpe, em conluio com os generais palacianos, com o objetivo de implantar um estado policial de tipo bonapartista.

Bolsonaro lança a sua cruzada contra a "corrupção" também para tentar escapar de seus crimes e do fracasso da política econômica e sanitária de seu governo. "Fora, Bolsonaro!" é a única solução política viável para salvar o Brasil da catástrofe em curso.

Esquerda e as eleições 2020: Buscar a unidade possível

Publicado em 19/05/2020

O país caminha de forma célere para o abismo econômico, social e sanitário com Bolsonaro e os generais da boquinha no comando do Planalto. Trata-se de uma tragédia humanitária em curso e de enormes proporções.

A pandemia da Covid-19 avança ao lado do desemprego e da exclusão. Milhões de brasileiros sem renda e sem perspectivas de alcançar patamares mínimos para a sobrevivência.

No plano político, o governo Bolsonaro segue semeando a ventania do ódio e da polarização neofascista para chegar a tempestade do golpe de força contra a fragilizada e manca democracia que resta no país. A escalada bolsonarista já não esconde os seus criminosos e nefastos objetivos, tudo acontecendo às escâncaras das chamadas instituições de estado e dos órgãos de controle da República.

Diante de um quadro tão grave e prenhe de perigos e desafios, o conjunto da esquerda continua mergulhado num oceano de indecisão e sem iniciativas políticas mais vigorosas.

Neste sentido, chama a atenção o gesto político do deputado federal Marcelo Freixo (PSOL-RJ), que anunciou a desistência de sua candidatura à prefeitura do Rio de Janeiro. A decisão de Freixo, bem situado nas pesquisas, é reveladora dos impasses e das dificuldades da esquerda no momento.

Declarou Freixo em uma entrevista: "No Rio, coloquei minha candidatura, que era supostamente natural. Tive muito apoio de imediato do PT, de quem não tenho uma vírgula para falar. No Rio, não houve nenhuma crise de hegemonismo do PT do qual ele é acusado em outros lugares. Também estava tendo diálogo com o PCdo B. Mas o PDT não aceitou essa composição, mesmo com muito diálogo com o (Carlos) Lupi. Mas, ele entende que o PDT tem que lançar candidato porque tem projeto para 2022. O PSB sequer quis fazer reunião, mesmo eu tendo solicitado inúmeras vezes".

A tentativa de construção de um forte palanque unitário da esquerda no Rio esbarrou na fragmentação de projetos políticos e eleitorais. No espectro político da esquerda e da centro-esquerda segue ainda uma disputa surda que remonta ao processo da disputa presidencial de 2018. É evidente que Ciro Gomes (PDT) opera, claramente, para isolar e desgastar o PT. No Rio e em São Paulo, palcos decisivos da futura batalha, PDT e PSB atuam no sentido de construir projetos próprios.

No Nordeste, Ciro opera alianças com DEM para enfrentar o PT.

Em São Paulo, a situação também é difícil e complexa: A começar pelo PT que saiu de um processo de prévias rachado ao meio. Jilmar Tatto ganhou a indicação da legenda por apenas 15 votos na disputa com o ex-ministro da Saúde e deputado federal Alexandre Padilha. O PSOL caminha para candidatura própria entre Boulos e a deputada Sâmia Bomfim. O PCdoB lançou o deputado federal Orlando Silva. Ou seja, um quadro de dispersão da esquerda, o que pode facilitar a recondução do tucano Bruno Covas ao governo paulistano, um aliado estratégico do governador João Doria.

Em Belo Horizonte, Porto Alegre, Curitiba, Recife e Belém (onde o PSOL tem um nome com maior peso eleitoral) também há dificuldades para entendimentos conjuntos entre os partidos de esquerda e centro-esquerda. Em Porto Alegre, o PT indicou o ex-ministro Miguel Rossetto para a vice de Manuela D'Ávila (PCdoB). O PSOL ainda não bateu o martelo em direção ao palanque de Manuela.

É urgente um esforço das lideranças maiores dos partidos de esquerda – principalmente do PT, PSOL e PCdoB – no sentido da construção de uma agenda unitária para as eleições municipais, costurando critérios de indicação dos candidatos mais competitivos para as capitais e grandes centros. Além disso, centrar esforços conjuntamente pelo "Fora, Bolsonaro-Mourão", acumulando forças para uma saída democrática no processo de falência do governo neofascista.

Buscar a unidade possível, sem exclusivismo e preconceitos, como uma resposta política organizada da esquerda e da centro-esquerda para abrir caminho por um novo projeto de país. O primeiro passo nessa direção é agora em 2020.

Bolsonaro profana o luto e debocha das mortes pela Covid-19

Publicado em 11/05/2020

O presidente Jair Bolsonaro foi longe demais neste fim de semana. É verdade que Bolsonaro é insensível, prepotente, que segue preocupado apenas com a manutenção de seu grupo extremista e genocida no governo. Os nervos mais sensíveis e os vasos comunicantes de alteridade entre as pessoas exigem da conduta do líder de um país gestos mínimos de preocupação com a sorte da coletividade -, ainda mais quando se trata de sentimentos como o luto e o infortúnio econômico.

Nas duas situações, o comportamento de Bolsonaro é de um alheamento atroz. Na semana em que o país ultrapassou 10 mil mortes por coronavírus e mais de 600 casos fatais diários, Bolsonaro divulgou a realização de um churrasco no Palácio Alvorada (que depois foi cancelado) e foi passear de jet ski no Lago Paranoá durante a manhã de sábado (9). Ao mesmo tempo, que um pequeno grupo de bolsonaristas realizava um esvaziado ato golpista a favor do fechamento do Congresso e do Supremo Tribunal Federal (STF) em Brasília.

O comportamento de Bolsonaro, com certeza, não passou desapercebido dos parentes das vítimas fatais da Covid-19 e dos milhares de brasileiros internados em hospitais e nos leitos improvisados de campanha nas capitais mais atingidas pela pandemia como São Paulo, Rio de Janeiro, Manaus, Belém, Fortaleza e São Luíz do Maranhão.

Guardar o luto nas camadas populares é uma questão sagrada. Até os bandidos mais hediondos e facínoras, como os traficantes, respeitam a morte dos membros da comunidade onde operam o seu criminoso negócio. Aliás, os bandidos até utilizam o momento de dor para impulsionar uma aproximação maior com a população da comunidade, pagando muitas vezes as despesas do enterro.

A boçalidade fascistoide de Bolsonaro tem despertado a atenção, cada vez maior, de segmentos da população brasileira que estavam fora do circuito do debate político nacional. Para além da polarização política em curso, milhões de brasileiros foram tangidos e tocados com violência pelos efeitos econômicos e sanitários da pandemia do coronavírus.

Todos enxergam o desprezo e o pouco caso de Bolsonaro, que não apresentou nem formalmente as condolências aos falecidos pelo coronavírus. Gesto que o Congresso Nacional e o STF adotaram formalmente neste fim de semana.

Nas famílias mais pobres, pessoas morreram ou seguem contaminadas, com ou sem hospitalização, e milhões se encontram economicamente arruinadas – "sem eira, nem beira", como diziam os mais velhos. Enfrentam filas kilométricas nas portas da Caixa Econômica e uma infernal burocracia digital para tentar acessar uma ajuda emergencial e insuficiente de R$ 600. Um caldo de dor e ressentimento que vai cobrar o seu preço político mais cedo ou mais tarde.

Neste sentido, ao lado da correta campanha da esquerda em solidariedade aos setores mais fragilizados da população, é imperativo impulsionar um vigoroso movimento político para pôr fim ao governo neofascista de Bolsonaro.

O governo bolsonarista não vai cair de podre. É preciso afastá-lo do Planalto, combinando todas as formas de lutas e com os meios legais e constitucionais que estão ao nosso alcance. Além disso, é preciso levar em conta, que apesar do crescente isolamento e desgaste político, o bolsonarismo reúne bolsões beligerantes e radicalizados que oporão uma dura resistência diante de uma insurgência para derrotá-lo.

Portanto, o "Fora, Bolsonaro!", com a ampliação do protesto popular, é a única fórmula política que acumula forças para derrotar o projeto neofascista, genocida e de profanação dos sentimentos do povo brasileiro.

Globo e grupos neofascistas lançam 'campanha presidencial' de Moro

Publicado em 04/05/2020

O mesmo modus operandi, as mesmas fontes de financiamento, as mesmas digitais programáticas, que outrora impulsionaram a nascente campanha presidencial do então deputado federal Jair Bolsonaro em 2017-2018, convergem para estruturar um braço político para o ex-ministro da Justiça Sérgio Moro.

Trata-se de uma operação política que aposta as suas fichas no esboroamento do governo Bolsonaro e prepara a construção narrativa para consolidar o "herói" redentor que vai combater a corrupção dos políticos, o petismo, defender o liberalismo econômico e zelar pela segurança dos brasileiros – motes principais da pregação do ex-comandante da Lava Jato.

Movimentos e grupos como "Brasil, Estou Aqui", "Laços de Apoio ao Brasil", "Lava Togas" e "Vem Pra

Rua" constituem o núcleo inicial das tropas moristas, que enfrentam no momento uma guerra pelo espólio da narrativa que catapultou Bolsonaro à presidência da República.

Além dessa estrutura subterrânea, o "morismo' conta com os poderosos canhões de luz da Rede Globo, projetando Moro diariamente em seus telejornais. E também com uma vasta rede de apoio organizada nas diversas instâncias do aparelho judiciário e dos órgãos de controle, inclusive na Polícia Federal – foco inicial do rompimento com o governo de Bolsonaro.

Essa nascente "tropa de choque" de Moro não se fez de rogada e já mostrou neste sábado (2) que tem a disposição de brigar pela imagem de seu líder. Todos viram nas redes sociais as cenas do pugilato entre os apoiadores de Bolsonaro e de Moro na frente da sede da Polícia Federal no bairro da Santa Cândida, zona norte de Curitiba – local que testemunhou a saga da Vigília Lula Livre.

Neste feriado prolongado de 1º de maio, outdoors de apoio ao ex-ministro Sérgio Moro apareceram em diversas regiões de Curitiba, principalmente nos bairros da classe média alta curitibana como Jardim Social, Batel, Bigorrilho-Champagnat, Alto da XV, Mercês, Juvevê, Bom Retiro e Jardim das Américas – sólidos redutos de apoio ao lavajatismo.

A operação Lava Jato, que foi uma espécie de "cavalo de troia" do golpismo, espargiu de seu ventre a crítica feroz e sistemática ao modelo político-partidário oriundo da redemocratização de 1988, responsabilizado por todas as mazelas do país, o que favoreceu a expansão de uma vasta corrente política de direita, neoliberal e, visceralmente, antipetista – e contra as teses de esquerda em geral – espalhada em diversas camadas da população, mais consolidada nas classes médias urbanas e rurais. Bolsonaro soube capitalizar essa onda política conservadora, engolindo a velha direita e derrotando nas urnas o petismo -, com Lula aprisionado e proscrito politicamente.

No momento, Moro enfrenta uma luta feroz contra o chamado "bolsonarismo raiz" e lança sinais em direção ao bloco político que reúne a direita tradicional, que ainda se encontra dividida quanto ao que fazer com Bolsonaro, hesitando em assumir os mecanismos legais e constitucionais para abreviar a nefasta existência do governo da extrema direita.

A conjuntura, marcada pela polarização política e atravessada por uma crise econômica e sanitária sem precedentes, agravada mais ainda pela pandemia do coronavírus, abriu um novo período de forte turbulência e de extrema volatilidade, provocando um processo de decantação na extrema direita e com impactos na velha direita. O rompimento de Moro é parte integrante desse processo em curso.

É necessário levar em conta o fator Moro. Subestimá-lo será repetir o erro grave que a direita tradicional e a esquerda cometeram quando defendiam a tese de que Bolsonaro seria derrotado por qualquer candidato em um eventual segundo turno nas eleições presidenciais de 2018.

Por um 1º de maio classista pelo 'Fora, Bolsonaro!' e em defesa da vida: Sem Maia, Doria, FHC, Toffoli e Witzel

Publicado em 26/04/2020

"A emancipação dos trabalhadores será obra dos próprios trabalhadores"

O 1º de maio de 2020, Dia Internacional dos Trabalhadores, acontece marcado por uma brutal ofensiva do governo da extrema direita e dos patrões contra os direitos dos trabalhadores, com demissões em massa, acordos draconianos de redução de salários e de novas medidas no Congresso Nacional de precarização das relações de trabalho.

O cenário é agravado mais ainda por uma pandemia do coronavírus, que ameaça diretamente a vida dos trabalhadores e da população mais pobre do país.

Diante de um quadro de tamanha gravidade e de uma crise política que se aprofunda, o momento exige do conjunto do movimento sindical uma resposta firme e organizada da classe trabalhadora em defesa de seus direitos, da democracia e da vida, com a realização de um 1º de maio classista e combativo pelo "Fora, Bolsonaro!" e o fim das políticas de ajustes e privatizações neoliberais.

No entanto, segundo o jornal Folha de São Paulo, os líderes sindicais resolveram ampliar o "palanque virtual" do 1º de maio convidando notórios representantes da velha direita e inimigos declarados da classe trabalhadora.

"Reunidos em uma teleconferência na tarde desta terça-feira (21), após uma audiência com líderes dos partidos do chamado centrão, os dirigentes das seis principais centrais sindicais brasileiras —CUT, Força Sindical, UGT, CTB, Nova Central e CSB— reforçaram a decisão de alargar o palanque, desta vez virtual, na tradicional comemoração do Dia do Trabalho, em 1º de maio, para fazer a defesa do emprego e da democracia. Na avaliação das centrais, ambos estão sob ameaça", diz o texto assinado pela jornalista Catia Seabra.

Na lista de convidados pelas centrais estão os ex-presidentes Luiz Inácio Lula da Silva (PT) e Fernando Henrique Cardoso (PSDB), o ex-ministro Ciro Gomes (PDT), o presidente da Câmara dos Deputados, Rodrigo Maia (DEM-RJ), o governador do Maranhão, Flávio

Dino (PCdoB), o presidente do Senado, Davi Alcolumbre (DEM-AP) e o presidente do Supremo Tribunal Federal (STF), José Dias Toffoli. Além dos governadores Wilson Witzel (PSC), do Rio de Janeiro, e João Doria (PSDB), de São Paulo, que também deverão falar aos trabalhadores em mensagens exibidas durante a live.

Esse "frente amplismo" senil e reboquista, que reúne neoliberais privatistas, golpistas como Maia e Toffoli, Doria, o "Bolsodoria" da chacina de Paraisópolis, o carniceiro Witzel (do tiro na cabecinha, lembram?), em nada contribui para a luta pela democracia e em defesa do emprego. Ao contrário, aos olhos dos trabalhadores, a confraternização da cúpula sindical com as lideranças políticas da velha direita, apenas revela o quanto a direção das centrais sindicais estão distantes das reais demandas da classe trabalhadora.

Nada justifica, muito menos em nome da democracia e do emprego, motes principais do 1º de maio, a participação no palanque virtual dos responsáveis pelo golpe antidemocrático contra a ex-presidente Dilma Rousseff e dos apoiadores no Congresso das reformas trabalhista e previdenciária de Bolsonaro e Paulo Guedes.

A Central Única dos Trabalhadores (CUT) precisa rejeitar esse 1º de maio fake e convocar um ato classista com as Frentes Brasil Popular e Povo Sem Medo. Um ato com uma defesa em alto e bom som do "Fora, Bolsonaro-Mourão!", lutando pelo fim desse governo criminoso, aliado da propagação do coronavírus, e apresentar programa de emergência econômica e sanitária para salvar o país da catástrofe iminente.

Basta! Chega! Fora, Bolsonaro!

Publicado em 20/04/2020

O presidente Jair Bolsonaro intensificou a escalada contra a democracia neste domingo (19) ao participar de uma manifestação de caráter golpista em frente ao Quartel Geral do Exército em Brasília. O chefe do executivo engrossou o coro dos manifestantes que pediam um golpe militar, um novo AI-5, o fechamento do Congresso Nacional e do Supremo Tribunal Federal (STF).

A participação de Bolsonaro no ato antidemocrático foi uma afronta criminosa ao estado de direito consagrado na carta constitucional de 1988. "Vocês estão aqui porque acreditam no Brasil. Nós não queremos negociar nada. Nós queremos é ação pelo Brasil. O que tinha de velho ficou para trás. Temos um novo Brasil pela frente. Todos, sem exceção, têm que ser patriotas. Acabou a época da patifaria. É agora o povo no poder. Mais do que um direito, vocês têm obrigação de lutar pelo país de vocês. Contem com o seu presidente", disse Bolsonaro, aos gritos de "Mito", "Fora, (Rodrigo) Maia" e "AI-5, Já!".

Na atual crise política, que combina a falência da agenda econômica bolsonarista com o avanço da pandemia do coronavírus, o presidente é um fator permanente de desestabilização dos esforços do país para vencer a guerra pela proteção da vida dos brasileiros. Bolsonaro personifica o desastre e o genocídio.

É hora de reagir! É necessária a constituição de uma frente em defesa da democracia para viabilizar os meios e as formas legais, constitucionais, de tirar Bolsonaro da presidência. Não há meio termo: ou barramos o golpe, ou seremos tragados pela escalada fascista. Qualquer tipo de contemporização, como agem no momento o Congresso Nacional e o STF, significa uma cumplicidade com o projeto autoritário de Bolsonaro.

Bolsonaro só aposta na radicalização e já avisou que não pretende negociar. Ou seja, ele definiu o seu objetivo político e prepara seu "exército" para o combate.

Portanto, "Fora, Bolsonaro!" é a única saída para reorganizar e salvar do colapso total a já cambaleante institucionalidade democrática do país.

Fora, Bolsonaro! é pegar ou largar!

Publicado em 13/04/2020

A última reunião do diretório nacional do Partido dos Trabalhadores (PT) cometeu um grave erro político ao não aprovar a palavra de ordem "Fora, Bolsonaro!", o que desarma a militância organizada e os ativistas de esquerda vinculados socialmente ao petismo.

Cada dia mais, aos olhos da população, o governo Bolsonaro se mostra incapaz de enfrentar a crise econômica e sanitária em curso, agravada com a escalada do coronavírus, evidenciando a falência da política neoliberal de Paulo Guedes e das classes dominantes.

O "Fora, Bolsonaro!", já popularizado pelas massas no Carnaval, nos protestos de rua e nas varandas e janelas durante a quarentena, sintetiza a vontade política de colocar abaixo um governo genocida e antipovo.

"Fora, Bolsonaro!" é uma palavra de ordem que abre uma via política clara da esquerda, independente, demarcando com os velhos partidos da direita tradicional que querem um "bolsonarismo sem Bolsonaro", a partir de manobras parlamentares e de tentativas de saídas por cima, sem a participação popular. Ou até admitindo um governo de "união nacional" com Mourão e os generais.

No momento, o governo Bolsonaro é o maior aliado da disseminação do coronavírus no país. A política do governo contra o isolamento social é apenas um aspecto da demência criminosa da extrema direita. Bolsonaro representa um grave perigo para a Saúde Pública e para milhões de brasileiros.

O governo continua agindo contra a população, mesmo com avanço dos números de infectados e das mortes. As medidas econômicas apresentadas foram pífias, a ajuda de R$ 600 reais ainda não chegou na ponta -, para os trabalhadores mais precarizados e excluídos. Enquanto isso, os banqueiros já acumulam bilhões de reais no curso da pandemia e o patronato arranca o couro dos trabalhadores, impondo a redução salarial e outras barbaridades.

As medidas básicas de proteção social e sanitária, já adotadas em outros países até por governo de direita, como a suspensão do pagamento de luz, água, gás, distribuição de máscaras, kits de testagem massiva não foram efetivadas pelo governo federal . E nem será... Portanto, é impossível esperar que Bolsonaro e os generais enfrentem a pandemia do coronavírus.

A insastifação popular cresce e Bolsonaro radicaliza o discurso de enfrentamento. É um cenário de tensões políticas acumuladas que pode desembocar num impasse institucional. Bolsonaro aposta na polarização e no confronto, preparando o terreno, se possível, para implantar um estado policial, com um governo abertamente neofascista e tutelado pelos generais. É urgente detê-lo!

O PT precisa abrir uma via política, travando um duro combate contra as medidas insuficientes do governo da extrema direita, e organizar a luta dos trabalhadores. Não há atalhos para a esquerda: ou lutamos de forma decidida em defesa das reivindicações do povo trabalhador e pela vida – ou seremos tragados pelo golpismo da extrema direita e/ou da direita tradicional.

O PT deve concentrar forças a partir das demandas concretas por emprego, renda, taxação dos ricos para bancar a guerra contra o coronavírus, aportes maciços no SUS, controle dos preços da cesta básica para ampliar ainda mais o desgaste e o isolamento político do governo bolsonarista.

"Fora, Bolsonaro!" aponta na perspectiva de um novo rumo político em um momento de acesa polarização, apresentando uma alternativa democrática com eleições gerais, anulação dos processos fraudulentos da Lava Jato e o fim da proscrição política de Lula. Fora disso, é ficar à reboque da "frente ampla" hegemonizada pela velha direita. É pegar ou largar.

Uma farsa criminosa contra o PT e a democracia

Publicado em 06/04/2020

Mais uma vez o Partido dos Trabalhadores (PT) é alvo de uma armação política do lavajatismo fascista que se incrustou no aparelho judicial e nos órgãos de controle do país. É mais uma tentativa de criminalizar o único partido com reais condições de alavancar a resistência popular contra o governo neoliberal e autoritário de Jair Bolsonaro.

A decisão do vice procurador-geral eleitoral Renato Brill de Góes encaminhando o pedido de cancelamento do registro do Partido dos Trabalhadores junto à Justiça Eleitoral é uma farsa criminosa.

Trata-se de uma ação política contra o PT, inspirada e patrocinada pela operação Lava Jato. Uma decisão arbitrária e sem base real nos fatos. O pretexto alegado é que o PT recebeu recursos financeiros do exterior. Uma farsa! Uma tentativa canhestra para tentar calar a voz da oposição democrática e popular.

A ação do Ministério Público Eleitoral ocorre em plena pandemia de coronavírus e com o país mergulhado no caos político por um governo incapaz de apontar uma saída para a crise sanitária e econômica em curso.

A operação tramada pelo MP Eleitoral nos remete para os períodos de obscurantismo e de asfixia da democracia no Brasil. No ano de 1947, após uma farsa judicial, o PCB teve o seu registro cancelado, os mandatos de seus parlamentares cassados e as sedes e publicações do partido fechadas, excluindo os comunistas da atividade política legal e aberta por quase 40 anos. Em 1965, durante a ditadura militar, o Ato Institucional nº 2 decretou o fim dos partidos políticos oriundos do processo de democratização do pós-guerra e da Assembleia Nacional Constituinte de 1946.

Portanto, a ação tramada contra o PT, provocada por um obscuro parlamentar da extrema direita, é um atentado à democracia e exige o mais firme repúdio de todas as forças políticas democráticas do Brasil. É mais um indício sério da deterioração crescente das instituições e do estado de direito no país. Como denunciou a presidente nacional do PT, Gleisi Hoffmann, a ação do "Ministério Público pode querer calar a voz da oposição, atendendo aos desejos do governo, só isso justifica a admissão de um pedido esdrúxulo e ilegal como este".

O PT, que nasceu no bojo da luta contra a ditadura e pelas liberdades democráticas, não vai se calar diante dessa nova e odiosa tentativa de proscrição política.

Neste sentido, é fundamental uma resposta organizada da direção partidária, da militância, e dos mandatos em defesa do PT e da democracia. Ninguém vai apagar a nossa estrela, que fique claro.

Bolsonaro fadiga e a oposição precisa apertar o cerco

Publicado em 01/04/2020

O presidente Jair Bolsonaro foi alvo de panelaços em diversas capitais e municípios brasileiros nesta terça-feira (31), durante o pronunciamento às 20h30 em cadeia nacional de rádio e televisão.

Enquanto Bolsonaro discursava sobre a crise do novo coronavírus, ouvintes e telespectadores protestaram contra o governo por meio do barulho de panelas e de palavras de ordem de "Fora, Bolsonaro!". Foi o dia com o protesto mais intenso e vasto contra Bolsonaro na última quinzena.

A novidade desta noite de terça, é que os panelaços se estenderam também por bairros populares e comunidades das periferias das capitais. No Rio de Janeiro, além do protesto em bairros da Zona Sul – como Leblon,

Ipanema, Copacabana, Leme, Botafogo, Humaitá, Catete, Urca, Jardim Botânico -, ocorreram panelaços no Vidigal, na Rocinha e em bairros da Zona Norte como Riachuelo, Vila Isabel e Grajaú – e também em bairros da populosa Zona Oeste.

Em São Paulo o panelaço foi mais intenso do que em dias anteriores. Nas Zonas Oeste e Sul, além do Centro, as manifestações começaram antes da cadeia nacional. Em Pinheiros e nos Jardins, pessoas nas janelas dos prédios gritavam "Fora, Bolsonaro!" durante a fala do presidente. Além desses bairros de classe média alta, também houve protestos em áreas de ocupação na periferia e nos bairros populares da Zona Leste paulistana – São Mateus, Vila Matilde, entre outros.

Em Curitiba, as panelas também soaram no Capão Raso, Santa Quitéria, Novo Mundo, Boqueirão e diversas áreas da Cidade Industrial, na Zona Sul de Curitiba. Um sintoma de que o protesto popular se estende para "o andar de baixo".

O pronunciamento do presidente Bolsonaro foi considerado por analistas políticos como o mais "moderado' da atual temporada. É possível que o presidente, atravessando uma fase de crescente isolamento e desgaste político, tenha sido aconselhado pelos generais para segurar a onda neste momento. Nestes dias, os generais têm funcionado como uma espécie de babás do presidente impulsivo e desastrado. O discurso mais contido pode ser uma hipótese para uma linha de redução de danos. A conferir.

Além disso, Bolsonaro começa a sentir o peso da crise combinada da pandemia do coronavírus com a falência de seu projeto econômico desastroso, pilotado pelo bisonho e arrogante Paulo Guedes.

No pronunciamento, Bolsonaro não abordou quando o governo vai sancionar o seguro quarentena e também voltou a falar da cloroquina como um possível componente fármaco para o combate ao coronavírus, algo não comprovado pela comunidade científica.

O momento exige da oposição, em particular da esquerda, o aumento da pressão política contra o governo da extrema direita, exigindo a aplicação imediata das medidas sanitárias e econômicas de proteção para a população trabalhadora e pobre do país.

O discurso de Bolsonaro começa a gerar fadiga: culpar o Congresso, os governadores, a imprensa, o Fórum de São Paulo não enche a barriga de ninguém e nem garante um leito no hospital.

Pará cima do "Capitão Corona", com toda força, que derrotamos ele e o coronavírus juntos.

A aposta de Bolsonaro e a saída democrática da crise

Publicado em 27/03/2020

O presidente Jair Bolsonaro decidiu apostar na radicalização e insiste na defesa do fim do isolamento durante a pandemia do coronavírus como forma de "salvar" a economia. Após o pronunciamento provocador de terça-feira (24), ele voltou a repetir o discurso criminoso de que a pandemia do coronavírus é uma "gripezinha".

A radicalização de Bolsonaro é uma ameaça à vida de milhares de brasileiros, principalmente das pessoas maiores de 60 anos, mas obedece uma lógica política cruel que tem por objetivo manter uma base de apoio político e jogar a responsabilidade da crise econômica nas costas do "sistema". Ou seja, dos governadores, deputados e das instituições de Estado – judiciário, parlamento e também da imprensa.

Apesar do crescente desgaste político e administrativo, Bolsonaro segue contando com uma fatia de apoio social no "andar de baixo" e no "andar de cima". O empresariado e o agronegócio continuam apostando as fichas nele. São os setores que estão por trás das propostas econômicas como a da PEC do fim do contrato de trabalho e da supressão dos salários por alguns meses.

Na atual crise política, que combina o desastre econômico da agenda bolsonarista com a emergência da pandemia do coronavírus, surge diversas proposições de como nos livrarmos do nefasto ocupante da cadeira presidencial. É um debate cada vez mais necessário e urgente.

No momento atual, a esquerda (partidos, movimentos sociais, sindicais e a intelectualidade progressista) ainda precisa definir uma estratégia eficaz e minimamente comum para enfrentar o governo da extrema direita. Bolsonaro apela, com eficácia, para o discurso antissistêmico, arrastando apoio entre camadas do povo que identificam no sistema político e nas instituições de Estado os responsáveis por suas agruras e dificuldades de vida. Exatamente aí se concentra um eixo robusto de sustentação da narrativa bolsonarista. Ainda não logramos quebrar essa construção política.

Uma tarefa que exige um duplo esforço de diferenciação e, em alguns momentos, também de apoio condicional e pontual aos dirigentes do Congresso Nacional e da Corte Suprema – instituições que participaram ativamente do golpe de 2016 contra o mandato da presidente Dilma Rousseff e que estão desmoralizadas.

Para além da demarcação política com a velha direita, que busca um protagonismo pelo comando do processo – Maia, Doria, Fernando Henrique, STF -, a esquerda deve se bater, prioritariamente, na luta em defesa dos trabalhadores e da população mais pobre para resistir à catástrofe econômica, social e sanitária em curso. Somente assim, organizando a resistência popular, é que iremos acumular as forças necessárias para pôr fim ao governo Bolsonaro. É nesse contexto que se insere a palavra de ordem "Fora, Bolsonaro!".

A saída democrática da crise, com uma possível falência do governo Bolsonaro, aponta para a necessidade da construção de um vasto movimento de massas, organizado na base da sociedade, para derrotar globalmente o projeto das classes dominantes e do imperialismo. Sem isso, a esquerda será abduzida por alguma saída por cima, costurada pelo establishment. Ou esmagada pelo fechamento bonapartista do regime, uma opção sempre presente no cardápio da fração dominante da "burguesia nacional", que comanda e controla as finanças do país.

A experiência histórica indica que em momentos de aguda convulsão social – um dos possíveis cenários de desdobramento da crise -, a política opera em circuitos de choques precipitados, fortuitos, e até disruptivos. A esquerda precisa estar preparada para tal cenário e tempo político.

Haitiano enquadra Bolsonaro e inicia 'impeachment simbólico'

Publicado em 17/03/2020

O presidente Jair Bolsonaro (sem partido) levou uma invertida histórica nesta segunda-feira (16) em frente ao Palácio do Alvorada, em Brasília. O corajoso e inusitado gesto de um haitiano iniciou uma espécie de "impeachment simbólico e moral" de Bolsonaro da presidência.

Bolsonaro estava em frente à residência oficial, local em que costuma receber afagos de fanáticos apoiadores e xingar a imprensa, quando um haitiano criticou em bom português a participação dele no ato pelo fechamento do Congresso Nacional e do STF no domingo (15), rompendo os protocolos de quarentena obrigatórios para os suspeitos de contaminação por coronavírus.

Bolsonaro fingiu não entender o que falava o haitiano com a mais absoluta clareza: "Bolsonaro acabou. Não é presidente mais", afirmou ele, diante de um Bolsonaro desconcertado e com pose de paisagem.

Segundo o jornal O Estado de São Paulo, Bolsonaro teve contato com ao menos 272 pessoas no domingo. Apertou mãos, agitou a bandeira brasileira e fez selfies com celulares de apoiadores – situações que facilitam a propagação do Covid-19. E 14 membros de sua comitiva presidencial, que foi para Miami na semana passada, já estão infectados por coronavírus.

O vídeo com as cenas do inesperado diálogo viralizou nas redes sociais desde a noite de segunda-feira. Além disso, a hashtag *#Bolsonaroacabou* amanheceu nesta terça nos trending topics do Twitter.

Desdobramentos políticos:

1. Bolsonaro começa a viver o primeiro círculo do isolamento político: o das forças políticas, dos líderes de bancadas e de partidos. O impeachment de Dilma começou a ganhar força institucional a partir desse círculo inicial.

2. Bolsonaro ainda tem uma razoável base de apoio social (entre 15 a 20% sólidos, firmes), mas começa a perder apoios em franjas importantes da sociedade, que antes estavam agrupadas em torno dele como um instrumento para o enfrentamento da esquerda, em particular do petismo.

3. Os próximos três meses serão decisivos para determinar o futuro do governo Bolsonaro. Tudo vai

depender do resultado da economia, que caminha para uma brutal recessão e aponta para a falência da agenda neoliberal de reformas de Paulo Guedes. A hora é de mais Estado durante a crise econômica e sanitária: dos Estados Unidos aos países da União Europeia, as medidas adotadas, cada vez mais, são de caráter estatizante para tentar segurar o repuxo da crise econômica mundial.

4. Coronavírus: a depender do grau de expansão da pandemia no país, do número de vítimas, e das medidas de contenção adotadas pelo governo, que até aqui foram débeis, apesar do esforço do ministro da Saúde, a doença pode se tornar um fator de alta combustão social e política -, contribuindo para a desestabilização do governo Bolsonaro.

5. As opções do establishment. Ainda em fase de especulações iniciais, exploratórias: a) Impeachment de Bolsonaro e a entronização de Hamilton Mourão; b) "Parlamentarismo branco" com o Triunvirato Neoliberal – Maia, Alcolumbre e STF – para seguir a agenda de Paulo Guedes sem Bolsonaro; c) Fechamento do regime (autogolpe) – governo de tipo bonapartista de Bolsonaro em aliança com os generais.

6. Saída democrática da crise, com a falência do governo Bolsonaro: esquerda dividida e ainda sem iniciativa política de monta. Pode ser capturada na teia

> do establishment e optar por alianças com setores dominantes tipo governadores ou ser tragada pela força do Triunvirato Neoliberal (defesa das instituições). Sem povo na rua, organizado e mobilizado, a esquerda será abduzida por alguma saída por cima, costurada pelo establishment.

De todo modo, a experiência histórica indica que, em momentos de aguda crise social e humanitária, a política opera em circuitos de choques inesperados, fortuitos, e até disruptivos.

Bolsonaro, um delinquente, e o coronavírus

Publicado em 16/03/2020

O presidente Jair Bolsonaro protagonizou neste domingo (15) mais uma cena de aberto desafio ao Congresso Nacional e ao Supremo Tribunal Federal (STF). Um gesto político que oscila entre o patético e o estarrecedor.

Bolsonaro, rompendo o protocolo médico da quarentena, compareceu ao ato em frente ao Palácio do Planalto, que demandava o fechamento do Congresso e do STF. Ele acenou para manifestantes, agitou a bandeira brasileira e ainda tirou algumas selfies com correligionários que estavam no local.

A delinquência de Bolsonaro prosseguiu ao longo do domingo nas redes sociais, com o estímulo e a convocação para os atos. Mais uma vez, o presidente operou como um chefete de facção, ignorando os atributos e as responsabilidades institucionais na condução da presidência do país.

A ação delinquente de Bolsonaro acontece em meio ao caos econômico dos últimos dias e da expansão do coronavírus no país. Um explosivo e duplo coquetel capaz de gerar uma perigosa combustão social.

A nova conjuntura internacional, que combina crise econômica e a pandemia do coronavírus, exige rápidas medidas do governo federal para manter a economia respirando e, ao mesmo tempo, conter a propagação do Covid-19. Apesar da ação, no fundamental, correta do Ministério da Saúde, há um descompasso no conjunto do governo Bolsonaro de como enfrentar a dupla e entrelaçada crise.

A iniciativa do governo bolsonarista de defender mais reformas de destruição do Estado é incapaz de superar a crise. O que demonstra a fragilidade da agenda da extrema direita – que recebeu os impactos iniciais da pandemia do coronavírus, da oscilação das bolsas e da queda nos preços internacionais do petróleo -, sem um programa articulado e de conjunto.

O esforço concentrado do presidente Bolsonaro é no sentido de manter uma base coesa de apoio entre segmentos da população para investir na narrativa autoritária e golpista de que é impedido de governar pelos políticos e as instituições. É a aposta do bolsonarismo no xadrez da disputa política em curso.

Bolsonaro, sem saída para a crise econômica e sanitária, vai apostar tudo na polarização, é o que lhe resta. Além disso, o fechamento do regime segue no cardápio de opções dele e dos generais encastelados no Planalto.

Neste sentido, a oposição de esquerda e as forças progressistas são chamadas ao duro combate em defesa de uma agenda anticrise, que contemple medidas para a proteção dos trabalhadores e da população mais pobre.

As propostas apresentadas pelo Partido dos Trabalhadores (PT) apontam na direção correta para retomar o crescimento da economia e proteger o povo durante a pandemia do coronavírus.

O PT sugere investimentos imediatos do estado para a geração de emprego e renda, o fim da fila do Bolsa Família com a incorporação das 3, 5 milhões de famílias no programa, abono salarial de emergência para quem ganha salário mínimo, a retomada das obras paradas e a suspensão dos programas de privatização das empresas estatais.

Além da necessidade de descongelar imediatamente os recursos para a Saúde represados pela Emenda Constitucional 95 (teto dos gastos), o que representaria um aporte de cerca de R$ 21 bilhões ao Sistema Único de Saúde (SUS).

Bolsonaro faz provocação sobre 2018 e 'tempestade perfeita' se avizinha

Publicado em 10/03/2020

Foi uma segunda-feira (9) turbulenta, tensa, no Brasil e no mundo. As bolsas de valores despencaram, o preço internacional do petróleo desabou e o coronavírus se espalha cada vez mais.

Uma segunda-feira longa que reservava mais surpresas...

O presidente Jair Bolsonaro, de Miami, fez uma declaração surpreendente sobre as eleições presidenciais de 2018. Segundo Bolsonaro, houve fraude nas eleições e ele venceu o pleito ainda no primeiro turno. Ele assegurou ter provas e que vai apresentá-las.

A fala de Bolsonaro soa como mais uma irresponsável provocação golpista para açular as hordas da extrema direita, que preparam os atos do próximo domingo (15) contra o Congresso Nacional e o STF. Uma provocação política feita em um cenário de crise econômica global, que arrasta perigosamente o Brasil para olho do furacão de uma tempestade perfeita.

Nesta segunda, o dólar bateu em quase R$ 4,80, com o Banco Central (BC) torrando as reservas internacionais para tentar conter a moeda norte-americana. A bolsa de valores brasileira despencou 12%, recorrendo até ao expediente do circuit breaker.

O Banco Central foi obrigado a intervir no mercado duas vezes. Pela manhã de segunda, a autoridade monetária vendeu à vista US$ 3 bilhões das reservas internacionais. À tarde, vendeu mais US$ 465 milhões.

Além disso, a queda de braço entre a Rússia e a Arábia Saudita na disputa por preços do petróleo abalou as ações da Petrobras, a maior empresa brasileira capitalizada na bolsa. Os papéis ordinários da petroleira fecharam o dia com queda de 29,68%. As ações preferenciais caíram 29,7%. A estatal perdeu R$ 91 bilhões em valor de mercado nesta segunda fatídica.

Enquanto isso, Bolsonaro pintava o retrato da mulher no atelier de Romero de Britto, em Miami, e Paulo Guedes fingia serenidade em Brasília. Ou seja, estamos à mercê de dois pilotos irresponsáveis que já fracassaram na condução da economia nacional.

A desastrosa política econômica neoliberal do governo bolsonarista deixa o país extremamente vulnerável para enfrentar as turbulências da economia global. Especialistas de diversas escolas do pensamento econômico apontam para uma recessão na economia mundial igual ou superior a dos anos 2008 e 2009.

Uma tempestade perfeita se desenha no horizonte e o governo Bolsonaro pode apelar para a provocação e o golpismo como armas para encurralar a oposição democrática-popular e chantagear as débeis instituições do país. O momento exige uma resposta firme aos milicianos provocadores encastelados no Palácio do Planalto e nas estrebarias das casernas.

O fracasso da política econômica de Bolsonaro e Paulo Guedes

Publicado em 02/03/2020

A economia do país definha sob o comando da dupla Bolsonaro e Paulo Guedes, o "posto Ipiranga" que desabou. Neste ano, somente nos dois primeiros meses, investidores já retiraram R$ 34,908 bilhões do mercado acionário brasileiro. Na última quarta-feira (26), a saída alcançou R$ 3,068 bilhões, maior retirada já feita em apenas em um único dia por investidores estrangeiros desde 1994.

Diante do evidente fracasso da política econômica do governo Bolsonaro, cresceu a desconfiança dos chamados investidores internacionais na condução da economia pilotada por Paulo Guedes. Um dos sintomas imediatos a alta continuada dólar, que atingiu esta semana R$ 4,48.

O mecanismo para tentar segurar a alta seguida da moeda norte-americana é perverso e perigoso. Bolsonaro e Paulo Guedes já torraram cerca de US$ 37 bilhões das reservas acumuladas durante os governos de Lula e Dilma, cerca de US$ 400 bilhões.

No entanto, para além dos dados da relação real-dólar e da fuga de capitais, o país continua com uma alta taxa de desemprego. Segundo o IBGE, o desemprego encerrou o trimestre em 11,2%. Ou seja, são 26,390 milhões de pessoas desempregadas. Números que revelam um drama social e humano de profundas consequências para a vida de milhões de compatriotas.

O relatório do IBGE também mostrou que a taxa do trabalho informal continua extremamente elevada. São 38,3 milhões de brasileiros que continuam trabalhando na informalidade. No ano passado, a informalidade atingiu o maior nível desde 2016 e foi recorde em 19 estados e no Distrito Federal. Já os desalentados – trabalhadores que desistiram de procurar emprego – atingem a marca de 4,7 milhões.

A campanha narrativa do governo Bolsonaro, e da mídia amiga neoliberal, de que o Brasil estava retomando o caminho do crescimento, de que a economia ia decolar e de que os empregos estavam voltando não passou de mais um conto do vigário. As sucessivas revisões do "pibinho" de Bolsonaro apontam para algo em torno de 2% em 2020.

A devastação da economia real do país por Bolsonaro e Paulo Guedes é o fio condutor para a uma concentração de renda sem precedentes, do aumento da pobreza, do esmagamento dos direitos sociais da população e do desmonte das políticas públicas essenciais como a de saúde (SUS), educação, emprego, seguridade e de proteção social.

O fracasso da agenda econômica bolsonarista, além de enfraquecer o bloco governista e criar dissenções no establishment, facilita a luta pela derrota global do projeto neoliberal, que sufoca os trabalhadores e trava o desenvolvimento da nação.

Portanto, acumular forças nas mobilizações do mês de março, ampliar a denúncia do desastre de Paulo Guedes e barrar a mistificação dos efeitos do coronavírus na economia são eixos políticos que devem ganhar a nossa atenção prioritária no enfrentamento ao governo de Bolsonaro.

Em tempo: Registro aqui meu apoio e solidariedade a presidenta do PT, companheira Gleisi Hoffmann que repeliu com firmeza o ataque de fascistas neste fim de semana no Rio de Janeiro.

Derrotar a intentona golpista de Bolsonaro com o povo na rua

Publicado em 26/02/2020

O presidente Bolsonaro e a sua base de apoio militante optaram por um teste de forças. A convocação das manifestações para o dia 15 de março pelo próprio presidente é um sinal claro de que o governo é o principal organizador e inspirador da intentona golpista contra o que resta de democracia institucional no país.

O "Foda-se" o Congresso Nacional, o STF e os políticos (que 'atrapalham' o presidente) é uma manifestação aberta por um regime de força, autoritário e antidemocrático. Um complô antidemocrático aberto, sem tirar nem pôr.

A escalada autoritária do bolsonarismo visa remover os entraves institucionais ainda existentes para esmagar a oposição parlamentar e social, com o objetivo de acelerar o ritmo da aplicação do modelo econômico de espoliação desenfreada das riquezas nacionais e do povo brasileiro.

A provocação golpista de Bolsonaro é gravíssima e exige uma pronta resposta da esquerda e do conjunto das forças democráticas da sociedade. É a hora de convocar uma resistência ativa nas ruas para barrar o *tour de force* da extrema direita no governo. Uma grande vigília nacional em defesa das liberdades democráticas, mobilizando as entidades da sociedade civil, os movimentos sociais e, sobretudo, a população trabalhadora.

A reunião de emergência convocada pelos partidos de oposição precisa estimular e contribuir para a construção de uma agenda de resistência popular.

Não há atalhos e não há uma varinha mágica para derrotar o governo Bolsonaro e seus impulsos autoritários. Em particular para o PT e as forças de esquerda resta o árduo caminho da resistência ativa e de massas, sustentada a partir das bases sociais dos trabalhadores e do povo mais pobre, os mais afetados pela política genocida de exclusão social.

Nos próximos dias, se avizinham duros e intensos combates em defesa do Brasil e da democracia para barrar o golpismo de viés bonapartista de Bolsonaro e do baronato neoliberal.

Ampliar o apoio político à greve dos petroleiros

Publicado em 17/02/2020

A greve dos petroleiros completou o seu 16º dia de resistência contra a privatização da Petrobras e o fechamento da Fábrica de Fertilizantes Nitrogenados do Paraná (Fafen-PR). O movimento se expande, ganha adesão crescente da categoria, e segundo a Federação Única dos Petroleiros (FUP) já são mais de 20 mil trabalhadores paralisados em 116 unidades da Petrobras, de norte a sul do país.

A greve nacional dos petroleiros por sua dimensão e intensidade ingressa numa etapa decisiva, com as inevitáveis implicações na arena política polarizada em curso no país. Neste momento, é fundamental ampliar e fortalecer o apoio político e social ao movimento.

O desmonte do Sistema Petrobras faz parte da ofensiva privatista do governo neoliberal e entreguista de Bolsonaro. A estatal foi resultado do impulso desenvolvimentista brasileiro ainda no governo nacionalista de Getúlio Vargas, atendendo um anseio das massas populares que foram às ruas dizer que o "petróleo é nosso!" .

O fechamento da Fafen, além de comprometer a cadeia produtiva da indústria petroquímica, de imediato, vai causar a demissão de mil trabalhadores (diretos e terceirizados) e de quase quatro mil empregos indiretos, com impacto efetivo na economia do município de Araucária, na região metropolitana de Curitiba.

Neste sentido, é fundamental ampliar as ações concretas de apoio ao movimento grevista dos petroleiros, unificando a mobilização da categoria com os diversos segmentos em luta contra as privatizações como os trabalhadores dos Correios, da Eletrobras, da Dataprev ainda ameaçados, da Casa da Moeda e agora a junção com o protesto dos caminhoneiros.

E para romper a operação de confinamento da greve, imposta pelo silêncio sistemático da mídia corporativa pró-governo, é um imperativo a realização de atos públicos nas capitais e cidades com bases da Petrobras, audiências públicas nas casas legislativas e ações de propaganda nos locais de maior afluência popular. O que também amplia as possibilidades para travar a disputa de narrativa em torno da defesa do caráter estatal da Petrobras, da sua importância para a economia nacional, e, ao mesmo tempo, facilitando a denúncia da nefasta política de preços dos combustíveis adotada pelo governo de Bolsonaro e Guedes.

Os partidos de esquerda, os movimentos sociais e os líderes parlamentares do campo popular e democrático estão chamados a assumir como prioridade política o apoio à greve de resistência dos petroleiros. Uma ação necessária no contexto da agenda de combate político ao governo bolsonarista.

Todo apoio aos petroleiros é a palavra de ordem para enfrentar e conter as ameaças do governo, a intransigência e chantagem da direção da empresa, o confinamento programado pela mídia e a hostilidade do Poder Judiciário contra a greve.

PT, ano 40: Uma invenção do povo brasileiro

Publicado em 10/02/2020

O Partido dos Trabalhadores (PT) comemora nesta segunda-feira (10) quarenta anos de fundação, marcado por uma trajetória de êxitos, derrotas, perseguições e resistência. O PT ainda segue embalando o coração e a esperança de milhões de brasileiros.

O PT nasceu no bojo de intensa mobilização popular pelo fim da ditadura e expressou também a necessidade da construção de uma nova ferramenta política que enfrentasse as mesmices do atraso das elites políticas dominantes. As vertentes iniciais da formação do partido reuniram o emergente e renovado sindicalismo do ABC e de outros centros urbanos, os militantes com origem na tradição marxista, intelectuais, ativistas dos nascentes movimentos populares e setores da base progressista da Igreja Católica. Toda essa rica diversidade contribuiu para a originalidade da nova formação política. Uma autêntica invenção do povo brasileiro, que rejeitou as velhas fórmulas burocráticas e os "faróis imaginários" na sua concepção programática e organizativa.

Além da origem singular, o PT em pouco tempo se consolidou como uma corrente política fundamental no país, resultado do compromisso e de sua luta por transformações e mudanças na sociedade brasileira. Nos anos 80 e 90, foi uma força basicamente de resistência, enfrentando a ofensiva do capital com as privatizações e as tentativas de redução de direitos econômicos e sociais dos trabalhadores. Ao mesmo tempo, foi expandindo a sua força eleitoral e institucional. Vale lembrar a histórica campanha presidencial de Lula em 1989, que abalou as elites e encheu de esperança vastos segmentos do povo brasileiro.

O PT, com erros e acertos, conseguiu representar e despertar a consciência de milhões de brasileiros que pretendem avanços econômicos-sociais, melhores padrões de vida e uma nova cultura de inclusão e protagonismo popular. O partido foi identificado e plasmado por esses valores. Um patrimônio em permanente tensionamento e prova.

Com a eleição do presidente Lula em 2002: o grande desafio de governar o Brasil, um continente de potencialidades e encruzilhadas. O despertar da esperança de milhões de brasileiros excluídos. Os dilemas das imensas e acumuladas chagas sociais. Desafios para governar, formar e assegurar alianças, promover o desenvolvimento econômico, a distribuição de renda, de vencer os preconceitos contra os pobres, de conter o ranço conservador e reacionário das classes dominantes contra o partido.

O PT enfrentou as dificuldades da opção de governar para a maioria, implantou programas sociais e de inclusão da população mais pobre, porém não realizou as reformas estruturais. Mesmo quando Lula gozava de imenso prestígio e popularidade, o PT deixou de fazer as reformas necessárias: política, tributária, agrária, urbana e dos meios de comunicação.

No terreno da ação política, ao promover sucessivas alianças com partidos da direita e se adaptar às estruturas eleitorais e institucionais baseadas nos financiamentos empresariais milionários de campanhas, aos olhos do povo, o PT foi se confundindo com os demais partidos que sempre criticou.

O aprofundamento dos efeitos no Brasil da crise capitalista, com desinvestimento privado, desemprego e aumento do déficit público, afetou fortemente o segundo mandato do governo Dilma, que foi incapaz de sustentar um programa em contraposição ao falso consenso imposto pelo mercado, contrariando o conteúdo da campanha eleitoral de sua reeleição e aceitando o discurso da necessidade do ajuste fiscal. O que enfraqueceu os nossos vínculos com a classe trabalhadora, com a juventude e setores da intelectualidade. Tudo isso combinado com as ações da Operação Lava Jato, que atingiram fortemente a imagem do PT.

Além disso, o coletivo dirigente do PT demorou para reagir e denunciar o caráter da operação, voltada unicamente para estrangular o partido, e criar as condições para a prisão e posterior proscrição política do companheiro Lula. O que facilitou o caminho para o golpe de 2016 e a vitória da extrema direita nas eleições presidenciais de 2018.

No atual cenário do Brasil, mais do que nunca é necessário um PT coeso e com nitidez política para enfrentar e derrotar o governo Bolsonaro e sua agenda ultraliberal e autoritária, de desmonte do estado e dos direitos do povo brasileiro. O papel do PT também é fundamental para a construção de uma frente de caráter democrático-popular, reunindo a esquerda, os movimentos sociais e personalidades progressistas para disputar os rumos do país.

Chegamos aos 40 mais forjados para seguirmos na luta, voltando as nossas energias para a base da sociedade, para o povo trabalhador, fonte primária da nossa força e do nosso projeto emancipador.

Viva o PT!

A guerra de Bolsonaro e Guedes contra os pobres e as eleições de 2020

Publicado em 03/02/2020

O primeiro ano do governo neoliberal do presidente Jair Bolsonaro fez uma opção radical e cristalina a favor dos mais ricos, concentrando renda e riqueza no "andar de cima" em detrimento da imensa maioria do povo brasileiro, em particular de sua camada mais pobre e desfavorecida pelo bolo orçamentário nacional.

Uma verificação no resultado final das contas do governo em 2019, divulgado pelo Tesouro, mostrou uma redução de gastos com Educação, Saúde, nos programas de transferências de renda e com a Segurança Pública, setor que o governo apresenta como uma de suas prioridades. E o esvaziamento do programa habitacional Minha Casa Minha Vida.

Os gastos com Educação caíram 16% e a Saúde teve uma queda de 4,3%, até os recursos para o programa nacional de vacinação foram reduzidos. Os investimentos para a área de segurança, comandada pelo ministro da Justiça Sérgio Moro, sofreram uma redução de 4,1%.

Os dados apontam ainda para um colapso na execução das políticas públicas. Ou seja, para usar um termo de operadores do chamado mercado, temos um governo ruim na "entrega da prestação de serviços" aos pobres, claro.

O governo Bolsonaro colapsou diversos programas: no Bolsa Família, 500 mil famílias, apesar de habilitadas, não conseguem acessar o benefício. A demanda reprimida seria de quase 4 milhões de famílias, segundo um levantamento do governo de Pernambuco.

No INSS, a fila atinge cerca de 2 milhões de pedidos em espera, sendo 1,3 milhão atrasados, com uma média de mais 45 dias sem resposta. Além de atrasos em benefícios e indenizações diversas operadas pelo órgão.

Há existência de filas também para o recebimento do seguro-desemprego. O tempo de espera atinge em média 90 dias, efeito da destruição do Ministério do Trabalho e Emprego (MTE), que operava uma rede baseada no Sistema Nacional de Emprego (Sine).

O governo Bolsonaro registra também uma redução nos pagamentos do BPC – Benefício de Prestação Continuada. Desde que foi criado o número de idosos atendidos pelo programa sofreu uma expressiva redução em 2019. Um programa que retirou 2 milhões de idosos da indigência, segundo o Ipea.

Ainda na área da Educação, do demissionário Abraham Weintraub, a gestão do Fundo Nacional de Desenvolvimento da Educação (FNDE), principal instrumento do MEC para investimentos nos municípios, ficou travada por incompetência e falta de rumo. O MEC esterilizou R$ 17, 4 bilhões, que não foram repassados aos prefeitos, apesar de liberados no orçamento.

Nos marcos da opção política contra os pobres, Bolsonaro e Paulo Guedes operam a privatização e o desmonte dos Correios, com o fechamento de 402 agências em todo país, uma instituição de 357 anos. O desmonte e o fechamento de agências da Caixa Econômica (CEF), do Banco do Brasil (BB) e de centrais de atendimento e postos de serviços do INSS, da Dataprev, de sedes e escritórios da Funai e do Ministério do Meio Ambiente. Equipamentos estatais que lidam diretamente com as demandas da população pobre.

Essa dimensão da tragédia provocada pela agenda neoliberal, resultante de uma opção política e ideológica do governo bolsonarista, é um dos eixos para nacionalizar o debate nas eleições municipais. É lá na ponta, em cada cidade – grande, média e pequena -, que aparecem as danosas consequências da devastação social, com o aumento da pobreza, da violência, das doenças e do abandono dos mais vulneráveis. Um programa de esquerda deve incluir também o fim da PEC da morte (teto dos gastos), um novo pacto federativo e a reconstrução do estado social.

Uma agenda de polarização concreta contra a narrativa de Bolsonaro e dos banqueiros de que o Brasil retomou o caminho do crescimento, de que a economia vai bem e de que os empregos estão voltando. Eis um dos maiores desafios da esquerda e das forças progressistas nas eleições de outubro.

A frente necessária e antineoliberal e democrática-popular

Publicado em 24/01/2020

A necessidade da construção de uma frente democrático-popular, com um projeto alternativo de governo em contraposição ao projeto da extrema direita bolsonarista e dos velhos partidos da direita tradicional (PSDB, DEM, MDB, PP e etc), é uma tarefa irrecusável, inadiável.

A intensa movimentação do governador maranhense Flávio Dino (PCdoB) articulando a chamada "frente ampla" em conversas com personagens de partidos de direita como o ex-presidente Fernando Henrique (PSDB), o governador gaúcho Eduardo Leite (PSDB) e com apresentador Luciano Huck (Rede Globo) trouxe à baila novamente o debate acerca da tática mais adequada e eficiente para derrotar o projeto do governo Bolsonaro, de caráter neoliberal, autoritário e excludente.

No geral, dois caminhos são preconizados. Uma posição coloca acento na centralidade da luta contra o autoritarismo do governo Bolsonaro como eixo de aglutinação de forças. Essa posição defende a constituição de uma "frente ampla", que ultrapasse as forças de esquerda, aglutinando partidos e lideranças consideradas de centro e centro-direita do espectro político. Formações de esquerda como o PCdoB e setores do PDT defendem a tese da "frente ampla', um bloco político que reúna desde Rodrigo Maia (DEM), MDB, PSDB e até bolsonaristas arrependidos.

O passaporte para ingressar no território dessa pretendida "frente ampla", é a defesa da democracia no geral e sem a exigência de um programa de ruptura na economia e no restabelecimento dos direitos sociais retirados pelo golpe de 2016. Ou seja, uma frente de teto rebaixado, o que levaria a esquerda defender uma agenda aquém das necessidades impostas pela conjuntura política atual. É, na prática, marchar à reboque das velhas forças políticas da direita tradicional.

Os companheiros do PCdoB, por exemplo, argumentam que é necessário conter a polarização, desarmar o embate entre o bolsonarismo e o petismo, desanuviando o cenário político. É um esforço em vão. A polarização é um fator político e social objetivo. É o resultado do conflito entre dois projetos polarizantes para o país: o projeto de Bolsonaro e da burguesia nacional, aliada e sócia menor do imperialismo na pilhagem do Brasil, contra o projeto democrático-popular do campo de esquerda, liderado pelo PT.

Até porque as classes dominantes e seus representantes políticos resolveram partir para o golpismo em 2016, com impeachment da presidenta Dilma Rousseff, rompendo o pacto consagrado na Constituição de 1988. O que radicalizou o processo político facilitando, ao mesmo tempo, a emergência da extrema direita bolsonarista.

Uma segunda posição entende que, numa conjuntura em que o governo Bolsonaro tenta impor uma agenda ultraliberal, de desmonte do estado nacional e dos direitos econômicos e sociais do povo trabalhador, é fundamental a constituição de uma frente de caráter democrático-popular, reunindo a esquerda partidária, os movimentos sociais e personalidades progressistas.

Tal frente, nucleada e conduzida pela esquerda – PT, PSOL, PCdoB, setores do PSB e PDT, PCO, personalidades progressistas, frentes sociais Brasil Popular e Povo Sem Medo – tem a tarefa de derrotar globalmente o projeto antinacional e antidemocrático do governo Bolsonaro, apresentando uma programa de defesa da soberania nacional, dos direitos democráticos e sociais do povo trabalhador. Isso, tampouco, impede alianças pontuais e parciais com forças do centro em torno de objetivos políticos concretos e imediatos. Aliás, como já vem acontecendo.

A necessidade da construção de uma frente democrático-popular, com um projeto alternativo de governo em contraposição ao projeto da extrema direita bolsonarista e dos velhos partidos da direita tradicional (PSDB, DEM, MDB, PP e etc), é uma tarefa irrecusável, inadiável. Um projeto político com nitidez para disputar os rumos do país sem as velhas alianças e cedências programáticas para os partidos burgueses da centro-direita.

A defesa consequente da democracia é inseparável da derrota do projeto neoliberal, esta é uma questão estruturante e definidora da disputa de rumos no país.

Portanto, não é possível realizar uma frente nas atuais circunstâncias políticas e sociais com quem não reconhece a centralidade do combate à regressão neoliberal e ao esmagamento da soberania nacional.

Fascismo e neoliberalismo andam de braços dados

Publicado em 18/01/2020

Na esteira do episódio que gerou a demissão do secretário de Cultura, o bisonho Roberto Alvim, a mídia corporativa e seus articulistas passaram, imediatamente, a tecer argumentos em defesa de uma suposta separação entre os traços neofascistas do governo e a política econômica conduzida pelo ministro Paulo Guedes.

Trata-se de mistificação e uma tentativa de separar a voracidade neoliberal das ações autoritárias do governo Bolsonaro. O neoliberalismo é, nas condições atuais, o fascismo na economia, que esmaga os direitos democráticos, a soberania nacional e as conquistas sociais do povo trabalhador.

O discurso neoliberal do estado mínimo, da defesa da meritocracia de fachada, da promoção do darwinismo social são elos da mesma e única cadeia do chamado combate ao "marxismo cultural" impulsionado pelo bolsonarismo. A cruzada obscurantista contra a ciência, contra o saber acumulado e a fruição artística, anda de braços dados com o ideário econômico de Paulo Guedes.

O discurso encenado de Roberto Alvim, pupilo de Olavo de Carvalho, não é um caso isolado, de um maluco que fez uma declaração infeliz imitando Joseph Goebbels. O caso explicitou os pendores e os vetores de um governo que opera a construção de um regime de autoritarismo político como parte essencial do mecanismo de superexploração econômica do povo trabalhador e do saque generalizado das riquezas nacionais.

Portanto, a luta em defesa da democracia é inseparável da derrota do projeto neoliberal e entreguista do governo de Jair Bolsonaro e do 1% mais rico do Brasil.

Não à guerra. Nossa bandeira é a paz!

Publicado em 08/01/2020

Os últimos acontecimentos podem detonar literalmente o início de uma escalada no conflito desatado pela criminosa e estúpida ação norte-americana, com o atentado terrorista que vitimou o general iraniano Qassem Soleimani no Iraque.

Aos povos do mundo interessa a preservação da paz e não uma escalada guerreira, nem na região do Oriente Médio e nem em escala mais ampliada, envolvendo mais regiões e países.

O ataque iraniano, na noite de terça-feira, contra duas bases militares dos Estados Unidos no Iraque já estava "precificado" pelos estrategistas do Pentágono. Aliás, tanto o governo imperialista norte-americano quanto a teocracia dirigente do estado iraniano já definiram e selecionaram os seus alvos e a intensidade dos futuros ataques.

O Pentágono já definiu 52 alvos militares e o regime iraniano apontará os seus mísseis para instalações militares no Iraque e nos países sauditas. Afinal, a guerra é uma ação política por meio das armas. Ambos os lados fazem os seus cálculos militares e, principalmente, políticos. Isto vale tanto para a guerra de tipo convencional como para as ações militares assimétricas ou de "baixa intensidade".

Donald Trump, assim como os seus antecessores Bill Clinton e Barack Obama, lança mão de um ataque militar contra o Irã para tentar levantar o patriotismo imperialista dos norte-americanos e assim obter dividendos políticos, fugindo da "guerrilha interna" conduzida pelos Democratas em torno do tema do impeachment neste ano eleitoral. Por seu turno, o regime dos Aiatolás reforça a sua legitimidade e unifica a nação persa em torno de seu governo, isolando os fatores internos de oposição. É a guerra e seus desdobramentos no campo político.

Além do cenário imediato da guerra, atuam as forças do capital para lucrarem com o sangue derramado. A indústria armamentista norte-americana, mas também russa, farão boas vendas de seus estoques de armas – e testarão novos artefatos.

Os especuladores do mercado financeiro esfregam as mãos de contentamento com mais este conflito em curso: as bolsas oscilam para cima e para a baixo conforme o pipocar das bombas. O valor da onça de ouro disparou nas últimas horas, assim como a cotação do petróleo Brent. Ou seja, a guerra mata os pobres de diversas maneiras e enriquece ainda mais os muito ricos, os que estão no topo, o 1%.

Aos amantes da paz, aos movimentos progressistas e de esquerda em escala mundial, interessam unicamente a defesa da paz e da autodeterminação dos povos.

No Brasil, a defesa intransigente do não envolvimento do país em qualquer esforço e apoio ao agressor imperialista.

2020: É preciso uma resistência ativa contra Bolsonaro

Publicado em 01/01/2020

O primeiro ano do governo bolsonarista foi desastroso para a imensa maioria dos brasileiros. O país conheceu um governo que atacou os direitos sociais, ameaçou as liberdades democráticas e enfraqueceu a soberania da nação, com um alinhamento tacanho e humilhante ao império norte-americano.

Passados doze meses, Bolsonaro mantém uma base de apoio ativa e mobilizada, uma aprovação ao seu governo em torno de 30% e uma coesão do empresariado ao seu programa implementado pelo ministro da Economia Paulo Guedes. Além disso, conta com forte apoio nas Forças Armadas, no aparelho judiciário controlado pelo lavajatismo e de um vasto segmento das igrejas neopentecostais. É um governo ainda forte, mas minoritário na sociedade.

Apesar de desacertos na condução política, o governo Bolsonaro não perdeu a capacidade de iniciativa e aplicou, no essencial, o seu nefasto projeto contra a maioria do povo brasileiro. Contou para isso com a boa vontade da mídia corporativa e do apoio organizado do sistema financeiro e empresarial. E conviveu com uma pálida oposição no parlamento e nas ruas.

Portanto, é necessário ter em conta essa real correlação de forças na definição de uma tática eficaz para enfrentar e derrotar globalmente o projeto bolsonarista.

Nessa conjuntura adversa, a esquerda vai precisar atuar com mais clareza programática, mais audácia política e maior vigor militante, fortalecendo as ações extra-parlamentares, – atuando de fora para dentro das atuais instituições –, e tensionando em todos os campos o combate ao projeto de recolonização neoliberal, autoritário e excludente em curso.

A busca de atalhos, como o transformismo partidário e uso de disfarces políticos, não ajuda em nada a construção de uma eficaz e resoluta tática de resistência ativa, sustentada a partir da mobilização dos trabalhadores e do povo pobre, alvos da política genocida do bolsonarismo. Há, sim, a necessidade de mais unidade e nitidez política da esquerda junto à população, reafirmando as nossas cores e bandeiras.

Neste ano teremos eleições municipais, um palco importante para o enfrentamento ao governo Bolsonaro. Um momento para nacionalização da agenda da esquerda nas disputas eleitorais das capitais e grandes cidades. Um momento para a fusão da luta social com a batalha política e eleitoral, gestando as condições para *uma eleição a quente*, de polarização entre o projeto democrático-popular e o projeto bolsonarista e dos 10% mais ricos.

O recado de Lula ao PT no ato do Circo Voador no Rio

Publicado em 19/12/2019

Ato no Rio foi o reencontro do ex-presidente Lula com os artistas, mas o líder popular mandou um recado sinuoso ao partido.

Em meio à euforia do encontro com os artistas e lideranças políticas da esquerda carioca no palco do Circo Voador, na noite desta quarta-feira (18), o ex-presidente Lula mandou um recado para o Partido dos Trabalhadores que terá profundos desdobramentos no futuro do petismo.

Durante o seu pronunciamento previamente escrito, Lula agradeceu o apoio da classe artística e fez a revelação mais importante da noite: declarou "que não disputará a eleição presidencial de 2022".

O líder petista alegou que ainda enfrenta muitos processos, tem mais de 70 anos, e que precisa dar mais atenção aos seus familiares, que são alvos de intensa perseguição judicial da Lava Jato. Alegações que têm repetido para diversos interlocutores.

A revelação de Lula tem o poder de sacudir as placas tectônicas no PT, alterando radicalmente o projeto eleitoral da legenda para 2022.

Se consolidada, a possível desistência do ex-presidente Lula pode provocar um conhecido fenômeno da dialética que gera o efeito da atração dos polos contrários e concorrentes entre si. Traduzindo para o terreno da política: sem a condição de candidato, Lula pode se tornar, novamente, um fator de coesão e aglutinação da esquerda e centro-esquerda fora do PT.

No entanto, para o PT, a decisão do ex-presidente pode significar o início de uma "guerra civil" entre as suas diversas facções pelo espólio político do próprio Lula e a herança do partido, que, em seus quase 40 anos de existência, sempre se unificou em torno da força eleitoral e carismática do ex-líder metalúrgico.

O cenário tende a ganhar contornos mais definidos a partir do desempenho do PT e de outros partidos da esquerda nas urnas, como a possível emergência eleitoral do PSOL nas eleições municipais de 2020.

De toda forma, querendo ou não, Lula iniciou, ontem no Rio, um sinuoso movimento que trará no seu bojo uma reconfiguração da esquerda no país.

É possível que o recado não tenha passado desapercebido de seus adversários mais íntimos de dentro e de fora do partido.

Bolsonaro amplia a pobreza e apela ao terror como saída

Publicado em 02/12/2019

A semana começa impactada pelos brutais acontecimentos ocorridos neste domingo (1) na favela de Paraisópolis, região sul da capital paulista, onde uma ação repressiva da PM resultou em nove jovens mortos e deixou dezenas de feridos.

Ao mesmo tempo, o governo Bolsonaro promete endurecer o que chama de combate ao crime, implementando uma legislação autoritária, punitivista e permissiva. Uma diretiva de comando para as forças policiais e militares que funciona como uma deliberada licença para matar, reprimir e aterrorizar. Em São Paulo, no fim de semana, uma nova matança de jovens, pobres, negros e periféricos envolvendo a ação de forças públicas de segurança. Uma realidade que invade o nosso cotidiano e parece se naturalizar nestes dias de ode à violência e à barbárie.

A chegada da extrema direita ao governo federal impulsionou a política de criminalização da pobreza e do extermínio como forma de um pretenso combate da criminalidade.

O discurso perigoso e fascista do governo Bolsonaro, cada vez mais, apela ao terror como saída para a profunda crise social que atravessa o país de ponta a ponta.

As últimas iniciativas do governo apontam para mais repressão e violência: Bolsonaro quer banalizar o uso da Lei da Garantia e da Ordem (GLO) e instituir o famigerado projeto de Excludente de Ilicitude. Por sua vez, o ministro da Justiça, Sérgio Moro, continua uma verdadeira cruzada em defesa do nefasto e demagógico "pacote anticrime", que inclui até a adoção de pena antecipada em tribunal do júri.

A violência estatal aumenta em meio ao crescimento da extrema pobreza e da miséria no país. A concentração de renda bate recordes. No período de 2014 até 2019, a renda da metade mais pobre da população caiu. A perda foi de 17,1%. No mesmo período, a renda da parcela que compreende o 1% mais rico avançou 10,11%. Nos últimos dois anos, o contingente de pessoas em situação de pobreza passou a contar com mais de 6,2 milhões de brasileiros.

O drama social no país é agravado ainda por um crônico e continuado desemprego de mais de 12 milhões de brasileiros e pelo desmonte da rede de proteção social construída durante os governos petistas, inclusive com o congelamento de novos ingressos ao programa Bolsa Família.

O custo do ajuste neoliberal, como nos demais países da América Latina, cobra a sua cota de sangue dos brasileiros mais pobres, apelando para o terror como solução para conter a inevitável explosão social que, mais cedo ou mais tarde, vai brotar como um gesto de reação pelo direito à vida.

A apologia ao crime e a estética miliciana do clã Bolsonaro

Publicado em 22/12/2019

A apologia ao crime e o culto às armas integram o ideário político e a estética miliciana e neofascista do clã Bolsonaro. Dois episódios nesta semana ilustram a demência criminal do bolsonarismo: a condecoração com a medalha do Mérito Legislativo ao empresário Gustavo Corrêa, cunhado da apresentadora Ana Hickmann, e a exibição de uma placa de cartuchos de balas durante o lançamento do partido Aliança pelo Brasil.

O primeiro episódio ocorreu na Câmara de Deputados, na quarta-feira (20), com a entrega da medalha do Mérito Legislativo ao empresário Gustavo Corrêa por indicação do deputado Eduardo Bolsonaro.

O grande mérito do cunhado da apresentadora Ana Hickmann para receber a honraria foi ter executado com três tiros na nuca um assaltante. O crime aconteceu em 2016 e, em setembro deste ano, o empresário acabou sendo absolvido na Justiça de Minas Gerais.

"O caso de Gustavo é exemplo claro da injustiça que o excesso de legítima defesa leva àqueles que reagem a crimes, fato rotineiro na vida policial", escreveu Eduardo Bolsonaro numa rede social, justificando o ato do condecorado homicida.

O caso é usado como um exemplo positivo na nefasta e enganadora campanha a favor do "pacote anticrime" emulada pelo ministro da Justiça Sérgio Moro, que defende o fim da aplicação de pena em caso de uma pessoa ou agente do estado reagir "sob medo, surpresa ou violenta emoção". Uma verdadeira licença para matar!

O segundo episódio aconteceu nesta quinta-feira (21) durante o lançamento do partido neofascista comandado pelo presidente Jair Bolsonaro. Um artesão exibiu durante o encontro uma placa feita de cartuchos de balas com o símbolo e o nome da da nova legenda. Uma exaltação explícita da estética miliciana e criminosa do clã Bolsonaro. Uma tradução chocante e grotesca do programa da sigla bolsonarista.

No evento, foi divulgado o manifesto da "Aliança pelo Brasil" que faz um apelo aberto ao neofascismo à moda brasileira, uma mistura de ultraliberalismo econômico com o fundamentalismo picareta dos chefes neopentecostais, acompanhado também do lumpesinato parlamentar nascido no WhatsApp, do moralismo farsante da Lava Jato e mais as gangues milicianas espalhadas pelo país.

O neofascismo apresenta as suas armas e merece uma combativa resposta política, cultural e organizativa das forças democráticas e de esquerda no Brasil.

Golpe na Bolívia anima aventuras da extrema direita no continente

Publicado em 11/11/2019

O golpe de estado ocorrido neste domingo (10) na Bolívia adotou o recurso da clássica quartelada militar. O presidente Evo Morales foi forçado a renunciar, após semanas de crise política aberta com a sua legítima vitória eleitoral para um novo mandato no dia 20 de outubro.

"Decidi renunciar a minha posição para que Carlos Mesa e Luis Camacho parem de abusar e prejudicar milhares de irmãos. Tenho a obrigação de buscar a paz e dói muito o fato de enfrentarmos os bolivianos. Por isso, envio minha carta de renúncia à Assembleia Plurinacional da Bolívia", declarou o presidente Evo Morales anunciando a renúncia. A Bolívia sofreu mais um golpe militar neste domingo. Uma tradição no país que já viveu cerca de 200 golpes de estado em sua atribulada história.

O desfecho dramático e violento da crise política na Bolívia revisita o velho fantasma do golpismo no continente. Derrotada nas urnas, a extrema direita iniciou uma ampla campanha de desestabilização do governo de Evo Morales, que aceitou durante o conflito a mediação da Organização dos Estados Americanos (OEA), a auditoria vinculante nas urnas e até a convocação de novas eleições.

No entanto, nada aplacou a furiosa escalada da frente golpista que passou a apelar abertamente para a violência e para o golpe militar. Uma violência de caráter fascista, classista e racista da minoritária elite endinheirada e branca do país tendo como epicentros La Paz e Santa Cruz de La Sierra.

No momento, o país mergulhou no caos e há enfrentamentos em diversas partes do país. Hordas da extrema direita queimam e atacam residências de integrantes do governo deposto. A casa de Evo Morales foi depredada e saqueada. Há informações de que Morales se encontra em Chapare, Cochabamba, um bastião histórico do Movimento Ao Socialismo (MAS). Uma ordem de prisão foi emitida contra ele.

A OEA e o chamado Grupo de Lima, organismos hegemonizados pela extrema direita e braços do imperialismo norte-americano no continente, atuaram decisivamente na derrubada do governo constitucional boliviano.

A crescente polarização política na América Latina, o colapso neoliberal no Chile, Equador e Argentina, o agravamento das contradições sociais indicam que as burguesias nacionais podem recorrer cada vez mais para soluções de força.

Após os sucessivos golpes operados por dentro das instituições dos regimes de fachada liberal-democrática no continente – Brasil, Peru, Honduras e Paraguai – as classes dominantes na Bolívia não deixaram de apelar novamente para o partido armado das casernas e bivaques. Uma tentação também acalentada por setores do establishment e pelo próprio governo de Bolsonaro no Brasil.

O episódio boliviano pode servir de estímulo político para novas aventuras golpistas da extrema direita no continente. E para esquerda fica uma antiga lição de Ernesto Guevara: "Na burguesia e nas suas instituições não devemos confiar nunca, nem um tantinho..."

Resistência ativa contra o impulso ‘bonapartista’ de Bolsonaro

Publicado em 05/11/2019

Não é segredo para ninguém que o presidente Jair Bolsonaro e seu entorno almejam a construção de um governo autoritário e unipessoal, de viés bonapartista, sem os controles das instituições do estado de direito democrático, no momento fragilizadas e em boa medida capturadas pelo próprio bolsonarismo e a Lava Jato.

O filhote Eduardo Bolsonaro cometeu o ato boçal de revelar em público o desejo da turma, o que gerou uma avalanche de notas, discursos de repúdio no parlamento e um pedido de cassação do mandato do atual líder do PSL na Câmara dos Deputados.

Ao invocar a edição de um "novo AI-5", Eduardo Bolsonaro manifestou um desejo e também mandou um recado de forma enviesada ao Supremo Tribunal Federal (STF), que nos próximos dias vai decidir sobre a questão da prisão em segunda instância. Um tema que atormenta a extrema direita, o alto comando das Forças Armadas e fratura o conjunto do Poder Judiciário.

Apesar dos aspectos grotescos e caricaturais de Bolsonaro (e do bolsonarismo), a agenda ultraliberal progride sem qualquer entrave e avança agora para a fase das mega privatizações na área do petróleo e de outros setores com a presença do estado na economia. No essencial, o Congresso Nacional não tem faltado com apoio ao governo Bolsonaro. Rodrigo Maia e o chamado "Centrão" têm apoiado todas as reformas e medidas neoliberais do governo.

Passados dez meses, Bolsonaro mantém uma base de apoio ativa e mobilizada, uma aprovação ao seu governo em torno de 30% e uma coesão do empresariado ao seu programa implementado pelo ministro da Economia Paulo Guedes. Além disso, conta com forte apoio nas Forças Armadas, no aparelho judiciário, com o ministro Sérgio Moro e, ao que tudo indica, tem agora um Procurador Geral da República (PGR) amigo e protetor. E não esqueçamos também do apoio organizado das milícias, dos ruralistas radicalizados e do vasto segmento das igrejas neopentecostais.

Portanto, apesar de desgastes na condução da política ambiental e dos direitos humanos, do imbróglio do caso Queiroz e da crise no PSL, o governo Bolsonaro não perdeu a capacidade de iniciativa política e segue aplicando o seu nefasto projeto contra a maioria do povo brasileiro. O governo Bolsonaro conta ainda com a boa vontade da mídia conservadora. Ou seja, é necessário ter em conta essa real correlação de forças para definir uma tática eficaz para enfrentar e derrotar globalmente o projeto bolsonarista.

Não há atalhos e não há uma varinha mágica para derrotar o governo Bolsonaro e seus impulsos autoritários. Para a oposição de esquerda, resta o árduo caminho da resistência ativa e de massas, sustentada a partir das bases sociais dos trabalhadores e do povo pobre afetado pela política genocida de exclusão social. Um combate cotidiano principalmente nas ruas, no parlamento e demais instituições da sociedade em defesa do direito à vida, da democracia e do emprego.

As rebeliões populares no Chile e no Equador também indicam que o campo popular e democrático não pode ser surpreendido pela emergência combativa das massas.

Nos próximos dias, os desenlaces sobre os casos do ex-presidente Lula no STF e das investigações em curso do assassinato de Marielle Franco podem abrir novas possibilidades políticas para a esquerda. Mas somente a resistência ativa nas ruas mudará a qualidade do enfrentamento e abrir caminho para a derrota do projeto de viés bonapartista de Bolsonaro.

Brasil, o Chile manda lembranças...

Publicado em 23/10/2019

Nesta terça-feira (22), o Senado aprovou por 60 votos a 19, a reforma da Previdência, uma medida que enterra o direito à aposentadoria de milhões de brasileiros, principalmente da camada mais pobre de trabalhadores da cidade e do campo. A criminosa decisão acontece no momento em que o Chile é sacudido por uma devastadora convulsão social.

A convulsão social que sacode o Chile é o resultado direto da aplicação do modelo de política econômica neoliberal, que mostra sinais de esgotamento em todo o continente latino-americano.

O país enfrenta a maior e mais profunda crise social desde o fim da ditadura de Augusto Pinochet. A explosão social detonada pelo aumento da tarifa do metrô colocou em evidência a revolta, o ressentimento social e o desespero das massas chilenas com as décadas de arrocho neoliberal, de precarização dos serviços públicos, do criminoso modelo de fundo de pensões privadas e do encarecimento do custo de vida. Além da mercantilização sem precedentes dos direitos sociais, iniciado com o golpe militar contra o governo da Unidade Popular do presidente Salvador Allende, em setembro de 1973.

A resposta do governo criminoso e antissocial de Sebastián Piñera, um antigo apoiador da ditadura pinochetista, foi desatar uma brutal onda repressiva. Um "banho de sangue" que já deixou quinze mortos, cerca de cem feridos e a prisão de mais de duas mil pessoas. Além disso, Piñera promoveu um verdadeiro "autogolpe" com a decretação de um estado de emergência e a convocação do Exército e dos Carabineiros para reprimir de forma brutal a revolta popular.

O modelo chileno, cantado em verso e prosa como o mais bem-sucedido na aplicação do modelo neoliberal, naufragou com alto custo social e jogou o país nas bordas de um regime de força. Piñera perdeu a legitimidade e não tem mais condições de seguir governando o Chile.

Diante da explosão social e do desespero da população, é preciso encontrar uma saída política, um novo pacto das forças políticas democráticas e populares para reformar a economia e as instituições de estado, ainda com amarras herdadas da ditadura. A primeira demanda é a revogação imediata do Estado de Emergência e devolver os militares a seus quartéis e bivaques, de onde nunca deveriam ter saído.

"Somente revogado o Estado de Emergência, haverá condições que permitam iniciar de maneira real, um diálogo social e político, com organizações representativas dos trabalhadores e movimentos sociais, que dê resposta às demandas que têm gerado este estado de indignação social", advertiu a Central Unitária dos Trabalhadores (CUT) do Chile.

A greve geral convocada pela CUT e os movimentos sociais para esta quarta-feira (23) abre a possibilidade de canalizar a explosão social para uma saída positiva da crise, encontrando os meios e as formas para substituir o governo neoliberal de Piñera e, ao mesmo tempo, garantir um rol de exigências iniciais de demandas da população. A mobilização organizada dos trabalhadores é o caminho menos custoso socialmente e breca o "banho de sangue" da repressão militar e a ditadura de fato em curso.

Talvez a crise chilena aponte lições para os arautos do neoliberalismo e também para a esquerda no Brasil, demasiadamente institucionalizada e com pouca iniciativa junto ao povo. A paciente impaciência das gentes de baixo em algum momento irrompe arrastando tudo pela frente, não só os tiranetes de turno, leva junto também os conciliadores.

Brasil, o Chile manda lembranças...

No dia 27, um grande ato nacional por 'Lula Livre' em Curitiba

Publicado em 16/10/2019

Domingo, 13, a Avenida Paulista foi palco de uma vibrante manifestação pela liberdade do ex-presidente Lula. Milhares de pessoas mobilizadas pela Campanha Lula Livre foram defender a liberdade do ex-presidente, a democracia e resistir ao desmonte neoliberal do governo Bolsonaro. Uma arrancada para novas e potentes manifestações de rua. No dia 27, o melhor presente para Lula é a realização de um grande ato nacional em Curitiba.

O "Ato Justiça para Lula" na Avenida Paulista foi a largada para impulsionar a realização de novas manifestações de rua na campanha pela liberdade do ex-presidente Lula em todo país. Uma fase de mobilização que ganhe as ruas com atos de massas, unificando a bandeira pela libertação de Lula com a resistência ao governo neoliberal e obscurantista de Bolsonaro.

É preciso, é necessário, é possível, com a unidade do campo popular e democrático, dos partidos de esquerda, das frentes e dos movimentos sociais realizarmos uma grande manifestação em Curitiba, transformando o dia 27 de outubro no "dia do basta" contra a injustiça e a vilania da Lava Jato contra Lula e a democracia.

Um ato para estremecer a bastilha da Lava Jato no Santa Cândida, rompendo com as grades que aprisionam o nosso companheiro Lula. Uma vigorosa manifestação para declarar um basta aos crimes de Sergio Moro e Deltan Dallagnol, carrascos de Lula em Curitiba.

A Lava Jato só será derrotada definitivamente nas ruas, e a liberdade plena de Lula assegurada, com iniciativas de mais mobilização e o estímulo ao protesto popular continuado e vigoroso, que demande a anulação do julgamento-farsa, a restituição dos direitos de todos os presos políticos e o fim da força-tarefa.

A Lava Jato, cada vez mais, se enfraquece e perde apoio, coleciona derrotas e sofre um franco processo de erosão política e institucional. Lula insiste na rejeição ao regime semi-aberto com condicionantes e restrições legais. Um golpe armado pelos procuradores lavajatistas para tentar descaracterizar a sua condição de preso político, mantendo a falsa narrativa sobre as reais motivações da prisão do ex-presidente.

No dia 27 de outubro, a capital da resistência, representada pela fibra e combatividade da Vigília Lula

Livre, estará nas ruas junto com caravanas de todo país para arrancar a maior liderança popular da prisão ilegal e criminosa.

É o presente que Lula merece!

América Latina: Golpismo e retomada democrática

Publicado em 07/10/2019

A América Latina atravessa um período marcado pela dualidade política entre a escalada do golpismo de direita e a perspectiva da retomada democrática e antineoliberal em alguns países da região.

Nesta semana o velho fantasma do golpismo revisitou o continente: o presidente do Peru, Martín Vizcarra, dissolveu na última segunda-feira (30) o Congresso, dominado pela oposição, e apelou para o apoio das Forças Armadas. O país atravessa uma longa crise institucional, que já teve como saldo a prisão de três ex-presidentes e o suicídio de um, o do ex-presidente Alan Garcia. A versão peruana da Lava Jato contribuiu para a desestabilização das instituições políticas do país.

No Equador, o governo de Lenin Moreno decretou um aumento de 100% nos preços dos combustíveis, o que causou a explosão do descontentamento popular, após quatro décadas da vigência de tarifas controladas, elevando os preços do galão americano de diesel (de US$ 1,03 a US$ 2,30) e da gasolina comum (de US$ 1,85 a US$ 2,40).

O presidente Lenin Moreno adotou a medida impopular no acordo com o Fundo Monetário Internacional (FMI) para obter empréstimos devido ao colapso de sua economia dolarizada.

As manifestações populares continuam e na capital, Quito, o transporte público funciona precariamente, táxis e centros de ensino estão paralisados. A oposição pede a destituição de Moreno e a convocação de eleições gerais para pacificar o país.

Ao lado do golpismo no Peru e Equador, o continente acompanha a escalada autoritária e ultraliberal dos governos de Bolsonaro no Brasil, na Colômbia de Duque, no Chile e Paraguai. Governos que em graus variados apelam para adoção de medidas de restrições democráticas e antissociais. No caso da Colômbia, o governo de direita desmonta o acordo de paz formalizado com a antiga guerrilha das FARC, ameaçando o processo de pacificação iniciado pelo governo anterior.

Ao mesmo tempo, durante o mês de outubro ocorrerão eleições na Argentina, Uruguai, ambas em 27 de outubro, e na Bolívia. Nos três países, o cenário é favorável para as forças democráticas e de esquerda.

A fórmula peronista de Alberto Fernández e Cristina Kirchner na Argentina aparece com amplo favoritismo eleitoral, depois do desastre da gestão neoliberal de Macri, com a explosão da pobreza, desemprego massivo, a queda do produto interno bruto, recessão econômica e a volta do controle da agenda fiscal pelo Fundo Monetário Internacional (FMI).

No Uruguai, a Frente Ampla (FA), coalizão de partidos de esquerda e centro-esquerda, lidera as diversas pesquisas que assinalam que a FA tem 39% das preferências eleitorais, seguido de seu principal rival, o Partido Nacional, com 26%.

O presidente da FA, Javier Miranda, considera que neste processo eleitoral estão em jogo dois projetos políticos: um conservador, neoliberal e reacionário encabeçado pela direita reacionária; e a proposta progressista de desenvolvimento com igualdade e de solidariedade tendo como valor central a solidariedade e não o déficit fiscal – representada pela candidatura de Daniel Martínez da Frente Ampla.

Na Bolívia, as eleições gerais serão no dia 20 de outubro para a escolha do presidente e vice-presidente do Estado Plurinacional, 130 deputados e 36 senadores para o período governamental 2020-2025 e as preferências eleitorais apontam à reeleição de Evo Morales.

Uma enquete da empresa Viaciencia situa Morales na primeira posição com 43,2 por cento dos votos, diante de Carlos Mesa, de Comunidade Cidadã, na segunda posição com 21,3 por cento e do candidato da Bolívia Dice No (Diz Não), Oscar Ortiz, na terceira posição com 11,7 por cento.

Os 13 anos de governo Evo Morales (do Movimento ao Socialismo) garantiram uma ampla melhoria nas condições de vida dos bolivianos, com inclusão social, aumento da renda dos trabalhadores, crescimento econômico e inflação baixa. Um "case" de sucesso.

Já na Venezuela, o governo de Nicolás Maduro assegurou diálogo com um setor da oposição, isolando mais ainda o líder golpista Juan Guaidó. Apesar do cerco político e do bloqueio econômico conduzido por Donald Trump, o governo bolivariano retomou a iniciativa política e tenta enfrentar a crise econômica, que castiga as massas venezuelanas. Maduro também fechou sólidas alianças políticas com a China e a Rússia.

A situação de Donald Trump, envolto em um processo de impeachment que ganha força, é também um fator com desdobramentos na disputa dos rumos políticos da América Latina.

Portanto, o mês de outubro pode confirmar o quadro de dualidade política ou apontar para o início de uma retomada democrática neste pedaço do mundo.

Lava Jato manobra, mas 'tempo político' favorece Lula livre

Publicado em 30/09/2019

Os procuradores da força-tarefa da Lava Jato lançaram mais uma manobra política na sexta-feira (27) quando formularam o pedido de progressão da pena injusta e arbitrária aplicada ao ex-presidente Lula. Chama atenção o fato de que é a primeira vez na existência da Lava Jato que o Ministério Público toma a iniciativa de pedir o cumprimento da progressão de pena.

A presidente nacional do PT, Gleisi Hoffmann, de forma acertada, alertou para a manobra: "Lula tem direito à liberdade plena, seu processo foi viciado, fraudado, com foco político, conforme revelações da #VazaJato. O STF deve julgar a suspeição do ex--juiz Sérgio Moro e anular o processo soltando Lula imediatamente, sem regime de prisão. Semiaberto é golpe de Deltan Dallagnol", declarou em uma rede social.

A Lava Jato acumula nos últimos meses uma coleção de derrotas e atravessa um franco processo de erosão política e institucional. A decisão do Supremo Tribunal Federal (STF) na quinta (26) foi um duro golpe sofrido pelo lavajatismo e seus métodos de atropelo do marco jurídico e constitucional.

Por sua vez, a defesa do ex-presidente reiterou que Lula deve ter sua "liberdade plena restabelecida porque não praticou qualquer crime e foi condenado por meio de um processo ilegítimo e corrompido por flagrantes nulidades".

O debate jurídico e político sobre a liberdade do ex--presidente Lula se desloca no tempo e no espaço. A Lava Jato perdeu a iniciativa e se isola crescentemente. De forma progressiva e em zigue-zagues, o Supremo Tribunal Federal (STF) retoma as rédeas do processo e timidamente começa a enquadrar a "República de Curitiba".

Ao mesmo tempo, continuar a pressão política dentro e fora do país é o caminho mais adequado para uma derrota de conjunto e global do "lavajatismo", uma das colunas de apoio da extrema direita e de seu desastroso governo.

Os procuradores da Lava Jato querem impor a Lula um regime semiaberto ou domiciliar, com restrições políticas, uso de tornozeleira e demais restrições legais na tentativa de descaracterizar a sua condição de preso político, mantendo a falsa narrativa sobre as reais motivações da prisão do ex-presidente. É em torno do como sair que vai se concentrar o "xis" da questão.

Enquanto isso, é continuar a luta por Lula Livre, com a anulação do julgamento-farsa e a extinção da Operação Lava Jato. Uma luta inseparável da batalha pelo fim do governo Bolsonaro e pelas demandas democráticas e sociais da maioria do povo brasileiro.

Witzel é o nome da morte na geografia da pobreza

Publicado em 23/09/2019

A escalada genocida comandada pelo governador Wilson Witzel (PSC) contra o povo pobre que habita as favelas e bairros da periferia do Rio de Janeiro causou a morte de 1249 pessoas de janeiro a agosto deste ano, segundo informação da Ordem dos Advogados do Brasil (RJ). Um massacre com DNA classista e geograficamente identificado. Witzel é o nome da morte na geografia da pobreza, espremida entre a montanha e o mar da exuberante paisagem carioca.

A última vítima fatal do barbarismo de Witzel foi a pequena Ághata Vitória Sales Félix, de 8 anos, assassinada durante uma operação policial no Complexo do Alemão, na zona norte do Rio de Janeiro, na noite de sexta-feira (20), o que causou protestos de diversos setores do país contra Witzel.

Mais uma vez, é notório o silêncio cúmplice das altas autoridades de Brasília: Presidente da República, Ministro da Justiça e Segurança Pública, Ministra dos Direitos Humanos, Ministério Público Federal (MPF) e dos generais. Do STF, apenas Gilmar Mendes fez uma declaração.

A "política de abate" conduzida pelo governador carioca tem a marca da seletividade geográfica: as operações policiais que resultam em morte ocorreram em comunidades pobres, que contam com a atuação de narcotraficantes. Uma informação: nas áreas sob controle das milícias, o verdadeiro e milionário crime organizado hoje no Rio, nenhuma morte ocorreu em decorrência de operações de cerco e aniquilamento da PM.

A chegada da extrema direita ao governo federal impulsionou a política de criminalização da pobreza e do extermínio como forma de combate da criminalidade.

O perigoso populismo fascista é o discurso predominante no aparelho policial e de boa parte do Judiciário. Para o grande público, a extrema direita promete não uma política de segurança estruturada e integral, mas o armamento individual para a classe média, o Bope e a milícia para os pobres e a segurança especializada particular para os mais ricos e privilegiados.

Para a maioria, sobra a ação do Estado excludente e classista, com um sistema policial repressivo em aliança com a milícia paramilitar. É o modelo que vem sendo instituído na prática e que opera a sua legitimação institucional com o nefasto e demagógico "projeto anticrime" do ministro da Justiça e Segurança Pública Sérgio Moro.

A questão da segurança pública e do combate ao crime organizado é complexa, de difícil resolução, mas a esquerda precisa enfrentar o tema com coragem, propor medidas e disputar politicamente com a narrativa da extrema direita bolsonarista.

Temas como a defesa intransigente dos direitos humanos, reforma do sistema penal, fim da política de encarceramento em massa, descriminalização das drogas, combate duro aos partidos do crime e aos milicianos, mais investimentos sociais nas comunidades pobres, a reformulação da doutrina das forças de segurança e o papel de cada ente da federação são alguns dos desafios para um debate sobre uma política de segurança pública estruturada e integral.

A frente necessária para derrotar a agenda regressiva de Bolsonaro

Publicado em 16/09/2019

Entre as forças de esquerda segue aceso o debate sobre a necessidade da construção de uma frente política para combater e derrotar a agenda ultraliberal e regressiva do governo Bolsonaro. As opiniões se dividem quanto ao caráter e o alcance dessa frente, suas tarefas e objetivos políticos.

No geral, dois caminhos são preconizados. Uma posição coloca acento na centralidade da luta contra o autoritarismo do governo Bolsonaro como eixo de aglutinação de forças. Essa posição defende a constituição de uma "frente ampla", que ultrapasse as forças de esquerda, aglutinando partidos e lideranças consideradas de centro e centro-direita do espectro político. Formações de esquerda como o PCdoB, setores do PSB e

PDT defendem a tese da "frente ampla', um bloco político que abarcaria desde Rodrigo Maia (DEM) ao MDB, PSDB e até bolsonaristas arrependidos.

O passaporte para ingressar no território dessa pretendida "frente ampla", é a defesa da democracia no geral e dentro dos limites da Constituição de 1988. Ou seja, uma frente de teto rebaixado, o que levaria a esquerda defender uma agenda aquém das necessidades impostas pela conjuntura política atual.

Os companheiros do PCdoB, por exemplo, enxergam no ato de lançamento do *Direitos Já*, em São Paulo, um esboço da "frente ampla". Um movimento que apresenta uma agenda de defesa da democracia sem incluir a maior vítima do golpe de 2016 e da ação criminosa da Lava Jato, que é o ex-presidente Lula, um preso político da deriva autoritária em curso no país. É uma contradição a defesa das liberdades democráticas sem a exigência da imediata liberdade de Lula e o fim da força-tarefa da Lava Jato, um monstrengo protofascista que vicejou no aparelho judicial do estado brasileiro.

A luta pela liberdade de Lula é inseparável da luta pela democracia. A campanha *Lula Livre* condensa a demanda pela vigência das liberdades democráticas e dos direitos sociais para a maioria do povo contra as investidas do governo da extrema direita e do aparato jurídico-policial, tutelado pelo alto comando do Exército.

Uma segunda posição entende que, numa conjuntura em que o governo Bolsonaro tenta impor uma agenda ultraliberal, de desmonte do estado nacional e dos direitos econômicos e sociais do povo trabalhador, é fundamental a constituição de uma frente de caráter democrático-popular, reunindo a esquerda partidária, os movimentos sociais e personalidades progressistas.

Tal frente, nucleada e conduzida pela esquerda – PT, PSOL PCdoB, setores do PSB e PDT, personalidades progressistas, frentes sociais Brasil Popular e Povo Sem Medo – tem a tarefa de derrotar globalmente o projeto antinacional e antidemocrático do governo Bolsonaro, apresentando um programa de defesa da soberania nacional, dos direitos democráticos e sociais do povo trabalhador. Isso, tampouco, impede alianças pontuais e parciais com forças do centro em torno de objetivo políticos concretos e imediatos.

A necessidade da construção de uma frente democrático-popular, com um projeto alternativo de governo em contraposição ao projeto da extrema direita bolsonarista e dos velhos partidos da direita tradicional (PSDB, DEM, MDB, PP e etc), é uma tarefa irrecusável, inadiável. Um projeto político com nitidez para disputar os rumos do país sem as velhas alianças e cedências programáticas para os partidos burgueses da centro-direita.

Para a esquerda impulsionar a resistência ativa, de massas, nas ruas, é o caminho indispensável no sentido de consolidar e assegurar o protagonismo político da frente democrático-popular, arrebatando a iniciativa política da extrema direita e dos velhos partidos da centro-direita. Sem essa perspectiva política e sem a mobilização dos trabalhadores organizados, do precariado dos grandes centros urbanos, da juventude e das camadas médias profissionais, a esquerda corre o risco de ser cada vez mais batida e isolada.

São duas táticas no tabuleiro político da esquerda: uma ainda é prisioneira da conciliação de classes e abre mão de disputar a direção do processo com os velhos partidos burgueses da centro-direita. A outra aposta no protagonismo da classe trabalhadora e defende a construção de uma hegemonia democrático-popular para superar a agenda neoliberal e regressiva do bolsonarismo e de seus aliados internos e externos.

O elogio da barbárie: A comemoração de Witzel e um corpo estendido no chão

Publicado em 26/08/2019

Em uma semana marcada por uma outra barbárie estimulada pelo governo Bolsonaro, que são as queimadas na Floresta Amazônica, foi difícil escolher o assunto da coluna semanal. A barbárie de que vou escrever praticamente foi banalizada e nos toca menos nesses dias e horas quando temos na direção do país um governo abertamente regressivo na defesa dos direitos humanos e do legado humanista da civilização.

Manhã de terça-feira, dia 20, Ponte Rio-Niterói, um jovem de 20 anos comanda um sequestro de passageiros de um ônibus. Após quatro horas de impasse e tentativas de negociação acontece o desfecho: um sniper do

Bope abate William Augusto da Silva, um homem pobre da periferia do Grande Rio. As cenas são acompanhadas on line e ao vivo por milhões de brasileiros. Há expectativa, tensão e torcida.

Abatido, o corpo inerte estendido no chão ainda seria alvo de uma cena chocante e um sinal dos tempos em que estamos vivendo: o governador do Rio de Janeiro, Wilson Witzel, desce de um helicóptero e comemora o resultado da operação policial como se fosse uma final de um campeonato de futebol. No que foi secundado por um penca de altas autoridades da República: Presidente Bolsonaro, ministro da Justiça, Sérgio Moro, e João Doria, governador paulista, também comemoraram a morte de William. Além de apresentadores de TV que elogiaram "a morte tecnicamente perfeita", a precisão do tiro, a tragédia com um final feliz como bradou um colunista da Gazeta do Povo...Um elogio da barbárie.

Acompanhei o noticiário sobre o sequestro e revi as cenas perturbadoras da morte e da vibração do governador. Repassei as cenas em ritmo "slow motion", frames em frações de segundo na retina, que separam a vida da morte, com o triunfo do assassinato e da barbárie festejada. Meus sentimentos foram de tristeza, raiva e revolta pelo conjunto da obra e de seus autores e também da vítima, que no seu desespero acreditou que enfrentaria uma força superior com uma arma de brinquedo e uma garrafa pet com um algum combustível.

Para além da notícia do episódio ocorrido na Ponte Rio-Niterói, o ato está inserido nos marcos do pensamento majoritário vigente que defende a criminalização da pobreza e a militarização crescente do conflito social no país. Segundo um levantamento realizado pelo portal UOL, divulgado nesta semana, no primeiro semestre de 2019 foram registradas 881 mortes em operações policiais no estado do Rio de Janeiro. O dado que chama atenção na análise dos números da matança da "política de abate" conduzida pelo governador carioca é a seletividade geográfica: as operações que resultaram em morte ocorreram em comunidades pobres (a maioria), que contam com a atuação de narcotraficantes. E pasmem! Nas áreas sob controle das milícias, o verdadeiro e milionário crime organizado, nenhuma morte ocorreu em decorrência de operações policiais.

A chegada da extrema direita ao governo federal impulsionou a política de criminalização da pobreza e do extermínio como forma de combate da criminalidade. O perigoso populismo fascista é o discurso predominante no aparelho policial e de boa parte do Judiciário. Para o grande público, a extrema direita promete não uma política de segurança estruturada e integral, mas o armamento individual para a classe média, a milícia para os pobres e o Bope, a Força Nacional e a segurança especializada particular para os mais ricos e abastados. Estado excludente e classista com um sistema policial repressivo e em aliança com a milícia paramilitar. É o modelo que vem sendo instituído na prática e que também busca a legitimação institucional com o nefasto e demagógico "projeto anticrime" do ministro da Justiça Sérgio Moro.

A questão da segurança pública e do combate ao crime organizado é complexa, de difícil resolução, mas a esquerda precisa enfrentar o tema com coragem, propor medidas e disputar politicamente com a narrativa da extrema direita bolsonarista. Questões como a defesa intransigente dos direitos humanos, reforma do sistema penal, fim da política de encarceramento em massa, descriminalização das drogas, combate duro aos partidos do crime e aos milicianos, mais investimentos sociais nas comunidades pobres, a reformulação da doutrina das forças de segurança e o papel de cada ente da federação são alguns dos desafios para um debate sobre uma política de segurança pública estruturada e integral.

Os desafios do PT e a resistência ao autoritarismo do governo Bolsonaro

Publicado em 05/08/2019

O Partido dos Trabalhadores (PT) iniciou o Processo de Eleições Diretas (PED) para escolha de seus dirigentes em todos os níveis. Trata-se do maior partido político de esquerda do país. Portanto, o evento partidário terá repercussão no ambiente político nacional. Nesse momento, o PT debate o seu futuro e está chamado a realizar também um exame de sua trajetória, apontando as perspectivas políticas para a superação do atual projeto ultraliberal e autoritário do governo Bolsonaro.

Desde o golpe contra a presidente Dilma, a vitória da extrema direita com Jair Bolsonaro (PSL) em 2018, a revelação dos crimes perpetrados pela Operação Lava Jato contra Lula e o PT, segue uma disputa polarizada na sociedade brasileira. É nesse conturbado e radicalizado contexto político que vamos debater os rumos do partido.

O seis meses do governo Bolsonaro mergulharam o país numa devastação social sem precedentes, com aumento do desemprego e do desalento, a precarização do trabalho em larga escala, o fechamento de empresas e a volta da fome. Além disso, o governo da extrema direita opera o desmonte da rede de proteção social construída nas últimas décadas: o Sistema Único de Saúde, os ataques ao sistema de ensino público universitário e tecnológico, as restrições à concessão do BPC (Benefício de Prestação Continuada) aos mais pobres e o criminoso projeto de Reforma da Previdência, que terá a votação em segundo turno na volta das atividades parlamentares do segundo semestre.

No plano da macroeconomia, o governo Bolsonaro optou por um alinhamento automático à administração de Donald Trump, rompendo com uma política externa multilateral e de fortalecimento de polos econômicos sul-sul e do fortalecimento do BRICS. Com o ultraliberal pinochetista, Paulo Guedes, no comando da economia, implementa um selvagem programa de privatizações: esquartejando a Petrobras, o sistema Eletrobras, os Correios, esvaziando o BNDES e ameaçando de privatizar a Caixa Econômica e o Banco do Brasil. Ou seja, um desmanche completo da soberania da nação, com a cumplicidade e a participação das Forças Armadas (FFAA).

No campo político, Bolsonaro persegue o objetivo estratégico de destruir a esquerda e mudar a natureza do regime oriundo da Carta Constitucional de 1988, com a adoção de um modo de governar autoritário, pró-miliciano e bonapartista, buscando criar as condições políticas para a execução de seu programa ultraliberal entreguista e de esmagamento dos direitos da classe trabalhadora. Um regime a favor dos rentistas daqui e de fora e de frações da burguesia ligadas ao comércio exterior e do agronegócio.

E para enfrentar e derrotar a agenda das classes dominantes e do governo Bolsonaro, é necessário um PT unido e armado politicamente com um programa anti-imperialista e democrático-popular. Um programa político que coloque em movimento de resistência ativa os trabalhadores organizados da cidade e do campo, o precariado dos grandes centros urbanos, a juventude pobre e as camadas médias profissionais pauperizadas pela crise.

Um programa sem as ilusões de classe do aliancismo conciliador e sem critérios, que desarmou a militância petista e dos movimentos sociais, o que facilitou a operação golpista da burguesia e do imperialismo contra o governo de Dilma. Alianças, sim! Mas alianças programáticas e de conteúdo democrático-popular. Alianças para reatar nossa conexão com o povo trabalhador.

Neste sentido, o PT precisa de uma direção comprometida com o dia a dia da militância, que invista na nucleação de base dos petistas, que conduza as bancadas parlamentares e os mandatos de governadores e prefeitos. Uma direção comprometida com uma renovação profunda de métodos e práticas para revigorar a vida interna, valorizando a militância e ampliando a participação dos filiados nos mecanismos decisórios (inclusive reavaliando o PED).

E como sugere a tese do Diálogo e Ação Petista (DAP) para o 7º Congresso, que acontecerá no final de novembro, "precisamos de uma direção voltada para a luta de classes, que não terceiriza para quaisquer frentes o enfrentamento. Uma direção que, ao contrário, distingue sua responsabilidade nas frentes pontuais com setores sociais diversos por reivindicações concretas, para valorizar uma política mais ampla de frente única pela democracia – com a incontornável exigência de liberdade imediata para Lula -, inseparável da defesa dos direitos sociais do povo trabalhador".

PT unido e forte para libertar Lula e o Brasil!

Bolsonaro ressuscita o 'porão' da ditadura na presidência

Publicado em 30/07/2019

As estarrecedoras e criminosas declarações do presidente Jair Bolsonaro (PSL) sobre o desaparecido político Fernando Augusto Santa Cruz chocaram o país e a consciência democrática. Bolsonaro ainda ofendeu a memória de Santa Cruz que integrava a organização política de esquerda Ação Popular, que combatia a ditadura e não participou da luta armada.

"Ele não vai querer ouvir a verdade. Conto pra ele. Não é minha versão. É que a minha vivência me fez chegar nas conclusões naquele momento. O pai dele integrou a Ação Popular, o grupo mais sanguinário e violento da guerrilha lá de Pernambuco, e veio desaparecer no Rio de Janeiro", disse Bolsonaro numa referência ao pai do atual presidente da OAB (Ordem dos Advogados do Brasil), Felipe Santa Cruz.

Após as declarações de Bolsonaro, inúmeras lideranças políticas, jornalistas e personalidades do mundo jurídico contestaram as criminosas e infames afirmações do presidente.

Felipe Santa Cruz rebateu no Twitter e disse que os comentários de Bolsonaro são "inqualificáveis" e que demonstram "mais uma vez traços de caráter graves em um governante: a crueldade e a falta de empatia".

"É de se estranhar tal comportamento em um homem que se diz cristão", disse o presidente da OAB. "Lamentavelmente, temos um presidente que trata a perda de um pai como se fosse assunto corriqueiro — e debocha do assassinato de um jovem aos 26 anos", disse.

Ainda na tarde de segunda-feira (29), Bolsonaro em uma transmissão ao vivo numa rede social afirmou que Fernando Santa Cruz foi assassinado por outros integrantes da Ação Popular. Ou seja, Santa Cruz foi "justiçado" por seus próprios companheiros. Uma infâmia e uma mentira construída nos porões dos assassinos da ditadura.

"O pessoal da AP no Rio de Janeiro ficou estupefato. 'Como pode esse cara vir do Recife aqui se encontrar com a gente aqui?' O contato não seria com ele, seria com a cúpula da Ação Popular no Recife. E eles resolveram sumir com o pai do Santa Cruz. Essa é a informação que eu tive na época", afirmou Bolsonaro.

As declarações do presidente não encontram nenhum respaldo e são levianas e criminosas. Segundo a Comissão Nacional da Verdade, Fernando Santa Cruz

Oliveira foi visto pela última vez em 23 de fevereiro de 1974, quando foi preso no Rio de Janeiro por agentes do DOI-Codi. O militante da Ação Popular (AP) tinha vida legal e era funcionário público em São Paulo.

A Comissão Nacional da Verdade reconheceu em relatório oficial de 2014 que Fernando Augusto Santa Cruz foi morto por agentes do estado brasileiro. E que foi mais um crime da ditadura militar contra opositores políticos do regime.

As provocações de Bolsonaro se inserem no marco de uma ofensiva contra a democracia e o estado de direito. Cada vez mais autoritário e prepotente, o governo Bolsonaro tentar criar um clima de intimidação e violência, forjando as condições para implantação de um estado policial.

Nos últimos dias, a escalada antidemocrática prosseguiu com a edição da portaria 666/2019 do ministro da Justiça Sérgio Moro, com a invasão pela Polícia Federal de reunião sindical em Manaus e do acompanhamento por arapongas da Abin de uma plenária da Sociedade Brasileira para o Progresso da Ciência (SBPC). Além da montagem da farsa dos "hackers de Araraquara" e da ameaça de prisão do jornalista Glenn Greenwald (The Intercept) feita em público por Bolsonaro.

É hora de deter a escalada antidemocrática do governo da extrema direita! E mais do que nunca é necessária a unidade das forças populares e democráticas para impedir novos crimes de Bolsonaro.

Alerta: A escalada autoritária e obscurantista do governo Bolsonaro

Publicado em 23/07/2019

O governo Bolsonaro está se tornando cada vez mais autoritário e uma ameaça real à democracia. Cada vez mais prepotente, Bolsonaro desafia e pressiona abertamente as instituições do Estado – Congresso, Corte Suprema e demais setores do aparelho de estado que ainda não estão sob o seu absoluto controle político.

O governo bolsonarista opera os instrumentos de instalação do autoritarismo em três frentes. A 1º é a frente de combate ideológico, com o desmonte dos centros de pensamento independente e crítico: as universidades, as instituições de pesquisa científica e a desarticulação e esvaziamento dos organismos culturais no aparelho estatal. Além disso, o governo montou uma permanente e azeitada rede de comunicação na internet, difamando e destruindo a reputação de seus opositores. Na mídia corporativa, selecionou as emissoras Record e SBT para difundir os projetos de seu governo e adotou também a política de "filtros ideológicos" na comunicação oficial.

A segunda frente: é a gestação dos mecanismos do estado policial, com o fortalecimento do papel de articulação dentro do governo do Gabinete de Segurança Institucional (GSI), a transformação da Polícia Federal em polícia política de fato, a naturalização do modus operandi da Lava Jato em escala nacional com o ministro da Justiça Sérgio Moro e o jugo do aparelho judicial (STF) e de instâncias intermediárias com o empoderamento de juízes de extrema direita.

Ao mesmo tempo, o governo Bolsonaro aciona um arsenal de medidas para facilitar a criminalização dos movimentos sociais. E persegue o fim de qualquer interlocução com a sociedade civil nas instâncias de governo, como os conselhos de participação social, que nos últimos dias sofreram um intenso processo de depuração interna.

A 3ª frente: o movimento político do bloco social e orgânico do bolsonarismo. Ele conta com um núcleo duro e consistente de apoio social no país que oscila em torno de 20% . É o setor social mais identificado com as bandeiras antidemocráticas, excludentes, racistas e antissociais do presidente. As últimas pesquisas do Datafolha apontaram dois blocos mais sólidos de apoio ao governo da extrema direita: um primeiro que reúne o apoio de uma faixa da população de renda superior a 10 salários mínimos, de maioria branca, educação superior, situada nas áreas nobres das grandes cidades e nas regiões ricas do interior do centro-sul do país.

A segunda fatia abrange, grosso modo, a antiga "classe média lulista", que ganha de 3 a 5 salários mínimos, que mora em subúrbios e regiões periféricas das grandes cidades, com destaque para os evangélicos, pequenos comerciantes e integrantes de forças policiais.

O contingente mais abastado se aglutina em movimentos protofascistas (Direita SP, Direita Curitiba, grupos conservadores de diversas matizes [olavistas em geral], monarquistas, terraplanistas, adeptos do redpill, entre outros); nos numerosos clubes de tiro espalhados pelo país e nas academias de "marombeiros" e de lutadores de jiu jitsu. Entre os mais pobres, o grande estuário que impulsiona organicamente o bolsonarismo, está situado nas igrejas pentecostais. Há ainda as ligações da corrente bolsonarista com as facções do crime organizado que atuam nas periferias e comunidades pobres. Portanto, esses são os setores e as bases mais mobilizadas e militantes a favor do governo de Bolsonaro.

Bolsonaro tenta de forma consciente e metódica, apesar de aparentemente errático e confuso, a mudança da natureza do regime político herdado pelo pacto social da Constituição de 1988. Pretende instituir um novo modo de governar com traços bonapartistas e autoritários.

O projeto estratégico da extrema direita, com a anuência da burguesia rentista e antinacional, é a instalação de um regime de democracia restrita e tutelado pelo alto comando das Forças Armadas, ultraliberal e de supressão de garantias sociais para os pobres – vide o exemplo da reforma da Previdência ainda em curso.

Para a esquerda partidária e social, somente uma resistência de conteúdo popular e de massas, ativa e mobilizadora – impulsionada a partir das bases sociais dos trabalhadores organizados, do precariado dos grandes centros urbanos, da juventude e das camadas médias profissionais -, será capaz de criar uma muralha política para derrotar o projeto da extrema direita. Sem essa base social mobilizada e em luta por um projeto alternativo a favor da maioria do povo, a esquerda será cada vez mais batida e isolada. Ou ficará a reboque de setores burgueses dissidentes do bolsonarismo.

Lava Jato S.A: O banditismo da 'República de Curitiba'

Publicado em 14/07/2019

Neste domingo (14), novamente, o país é sacudido por graves revelações do site *The intercept Brasil* e da Folha de São Paulo sobre o modus operandi criminoso da Lava Jato e da estratégia de negócios criada pelos procuradores da autoproclamada 'República de Curitiba'.

A reportagem da Folha de São Paulo e do site *The Intercept Brasil* deste domingo (14) revela a estratégia dos procuradores Deltan Dallagnol, Roberto Pozzobon e outros para a montagem de uma empresa de palestras e eventos, com base no prestígio e na visibilidade auferidos a partir da Operação Lava Jato.

A Folha transcreve os diálogos onde Deltan em conversa com Pozzobom aponta o caminho para lucrar às custas da Lava Jato: "Vamos organizar congressos e eventos e lucrar, OK? É um bom jeito de aproveitar nosso networking e visibilidade", diz um empolgado Dallagnol.

Nos seguintes conteúdos revelados pela Vaza Jato, as conversas entre os procuradores indicam claramente para a consolidação de uma permanente e lucrativa estratégia financeira, baseada em parcerias com empresas do ramo de eventos e a criação de um instituto, que seria pilotado pelas esposas dos procuradores. Deltan chega a projetar os seus lucros em torno de 400 k ao ano e precifica uma tabela para as futuras palestras.

As bancadas do Partido dos Trabalhadores (PT) na Câmara dos Deputados e no Senado anunciaram neste domingo que irão apresentar até a próxima terça-feira (16) uma nova representação no Conselho Nacional do Ministério Público (CNMP) contra membros da força-tarefa da Operação Lava Jato, após a divulgação de mensagens que revelam o objetivo de lucrar com palestras para empresas, universidades e em eventos de *compliance* no exterior.

Batalha de narrativas

A batalha de narrativas segue em renhida disputa. A linha central do argumento de Sérgio Moro, dos procuradores e do governo Bolsonaro é continuar martelando em torno da ilicitude do conteúdo dos diálogos obtidos pelo *The Intercept Brasil*.

A narrativa *lavajatista* tem um só objetivo: fugir do debate de mérito da gravidade dos crimes revelados e tentar criminalizar o site, alegando uma pretensa ação de hackers que obtiveram o material de forma "ilegal e criminosa". Ou seja, ao invés do debate se concentrar na apuração dos atos da parceria entre o juiz e os procuradores da força-tarefa, que de forma arbitrária selecionavam os alvos a serem abatidos por meio de toda sorte de atropelos ao Estado de Direito.

Os vazamentos divulgados até o momento pelo *The Intercept Brasil* são suficientes para anular todas as condenações forjadas pelos métodos da Lava Jato. A parcialidade do ex-juiz Sérgio Moro foi fartamente comprovada pelos vazamentos dos diálogos com o coordenador da força-tarefa, Deltan Dallagnol. Além da nova descoberta de uma verdadeira "Lava Jato S.A" em Curitiba.

Glenn promete novas revelações e, ao mesmo tempo, aumentam as demandas políticas que exigem a nulidade de todos os atos praticados pelo ex-juiz de primeira instância contra Lula e os demais condenados pela Lava Jato.

Também fica evidente a necessidade da apuração pelo Ministério Público, o Supremo Tribunal Federal (STF), o Conselho Nacional de Justiça (CNJ) da conduta dos procuradores envolvidos nos mecanismos da "República de Curitiba", restabelecendo a primazia do Estado de Direito, com a extinção da força-tarefa da Lava Jato e de seus braços pelo país.

A classe trabalhadora acossada pelo desemprego, a precarização e o desalento

Publicado em 02/07/2019

No filme italiano *A Classe Operária Vai ao Paraíso* (1971) – dirigido por Elio Petri, protagonizado por Gian Maria Volontè e com trilha sonora do genial Ennio Morricone, que ganhou a Palma de Ouro em Cannes em 1972 – Lulu Massa (personagem de Volontè) é um operário padrão que bate todos os recordes na produção de peças para motores na fábrica BAN. O que motiva um forte ressentimento nos seus companheiros de trabalho. Nos anos 70, o cenário retratado pelo filme mostra uma classe trabalhadora vivendo um período de conquistas salariais e de melhoria no padrão de vida. Uma fase de quase pleno emprego na Itália e do início da introdução de novos métodos de trabalho. Apesar da presença constante e ameaçadora do chamado "exército industrial de reserva", havia opção de emprego para a classe trabalhadora e uma ampla oferta para os operários mais especializados e escolarizados.

A introdução fílmica é uma "muleta" para analisarmos o contexto atual da classe trabalhadora nessa segunda década do Século 21, que atravessa um longo e penoso período de redução de direitos e conquistas, de enfraquecimento profundo da organização sindical e do crescimento do desemprego estrutural e conjuntural, resultado das sucessivas crises do capitalismo no centro e na periferia do sistema, com novos contornos desde 2008. Além disso, no plano político, os partidos socialistas e anticapitalistas identificados com a classe trabalhadora atravessam um período de lenta acumulação de forças e atuam num quadro geral de defensiva.

Aterrissando para o nossa dramática situação. Os dados divulgados pelo IBGE na última sexta-feira (28) apontam para um quadro sombrio e difícil para os trabalhadores brasileiros cada vez mais acossados pelo desemprego, pela precarização e pelo desalento.

Os dados da Pesquisa Nacional por Amostra de Domicílios (Pnad) cravam um desemprego de 13 milhões de trabalhadores no trimestre encerrado em maio. O número de trabalhadores por conta própria, que faz bicos para sobreviver ou abre pequenos e precários negócios, atingiu 24 milhões de brasileiros. Mais uma vez, o total do que alguns chamam de "empreendedores" bateu o recorde da série histórica e subiu nas duas comparações: 1,4% (mais 322 mil pessoas) frente ao trimestre anterior e 5,1% (mais 1.170 mil pessoas) frente ao mesmo período de 2018.

A taxa de subutilização da força de trabalho (25%), que atinge 28,5 milhões de brasileiros, é recorde da série histórica iniciada em 2012 e registrou alta em comparação ao trimestre anterior (24,6%) e ao trimestre móvel de 2018 (24,6%). A subutilização da força de trabalho é formada pelo total de desempregados (13 milhões), subocupados, que são as pessoas que gostariam e poderiam trabalhar mais horas e não conseguem (7,2 milhões), e a força de trabalho potencial (8,3 milhões).

Na condição de desalentados, ou seja, trabalhadores que perderam a perspectiva de encontrar um emprego e se encontram esmagados psicologicamente, com a autoestima dilacerada, os números da pesquisa apresentam também um recorde na série histórica com 4,9 milhões de desalentados.

A pesquisa também apresenta a redução do rendimento médio do trabalhador, que ficou em R$ 2.289, o que significa uma queda de 1,5% na comparação com o trimestre anterior e estabilidade em relação ao mesmo período do ano passado.

A situação imediata e de médio prazo não indica melhora no cenário da economia do país. As previsões para o Produto Interno Bruto (PIB), em 2019, oscilam para baixo, na casa do menos um. Segundo o boletim Focus do Banco Central divulgado nesta segunda-feira (1º) a expectativa é de um PIB de 0,8%.

Para além da dramaticidade dos números, a classe trabalhadora enfrenta ainda um governo hostil, sem projeto para recuperar a economia e tirar o país da recessão. Um governo que aposta todas as suas fichas em liquidar direitos, em acabar com o sistema público e de repartição solidária da Previdência Social e que tenciona criminalizar a resistência sindical e popular.

A greve geral de 14 de julho, que colocou em movimento milhões de trabalhadores, foi um primeiro e importante passo na resistência ativa ao governo de Bolsonaro. É preciso mais luta! É preciso generalizar o movimento: organizar comitês de desempregados nas capitais e áreas metropolitanas, preparar uma grande marcha até Brasília e demandar um plano de emergência para enfrentar a catástrofe do desemprego, com a retomada das obras públicas paradas, linhas de financiamento do BNDES para expandir os pequenos e médios empreendimentos e abrir frentes de trabalho em parcerias com as prefeituras nas regiões com maior depressão econômica.

A luta contra o desemprego e a recessão é inseparável da luta para derrotar globalmente o projeto autoritário e excludente do governo Bolsonaro de neoliberais, generais e tribunais.

The Intercept e a linha de defesa da Lava Jato

Publicado em 25/06/2019

O Intercept Brasil enfrenta nos últimos dias uma campanha de descrédito e de desconstrução da "Vaza Jato", orquestrada pelo governo da extrema direita e de seus longos braços na mídia corporativa e nas redes sociais vinculadas ao bolsonarismo. Trata-se de uma tentativa de desqualificar os fatos graves revelados pelo jornalista Glenn Greenwald sobre a atuação criminosa do ex-juiz Sérgio Moro e dos procuradores da Lava Jato.

A linha central do argumento de Sérgio Moro e do governo Bolsonaro é levar a discussão para o terreno em torno da ilicitude do conteúdo dos diálogos obtidos pelo *The Intercept Brasil*.

A narrativa *"bolsolavajatista"* tem um só objetivo: fugir do debate de mérito da gravidade dos crimes revelados e tentar criminalizar o site, alegando uma pretensa ação de hackers que obtiveram o material de forma "ilegal e criminosa". Ou seja, ao invés do debate se concentrar na apuração dos atos da parceria entre o juiz e os procuradores, apontando para a existência de uma verdadeira organização criminosa, que de forma arbitrária selecionava os alvos a serem abatidos por meio de toda sorte de atropelos ao Estado de Direito.

Os vazamentos divulgados até o momento pelo *The Intercept Brasil* são suficientes para anular todas as condenações forjadas pelos métodos da Lava Jato. A parcialidade do ex-juiz Sérgio Moro foi fartamente comprovada pelos vazamentos dos diálogos com o coordenador da força-tarefa Deltan Dallagnol. E segundo o jornalista Glenn Greenwald há ainda munição capaz de explodir as casamatas da Lava Jato.

A fórmula empregada pelo Intercept em divulgar os conteúdos gradualmente é a mais acertada e as parcerias firmadas com o jornal Folha de São Paulo e o jornalista Reinaldo Azevedo reforçam o alcance das matérias. Além disso, Glenn contribuiu para enfraquecer o quesito antidemocrático representado pelo lavajatismo no interior do aparelho judicial. A vitória de Jair Bolsonaro (PSL) só foi possível pela existência da Lava Jato e do efeito político na sociedade dos seus mecanismos criminosos.

Também de nada adianta as especulações sobre as origens dos vazamentos, o que importa é que os conteúdos são verdadeiros e até Sérgio Moro confirmou as conversas. É verdade que ele alega certo esquecimento ou demonstra cínica dúvida se falou mesmo o que foi revelado.

De toda forma, vamos aguardar as novas revelações e seguir exigindo a nulidade de todos os atos praticados pelo ex-juiz de primeira instância contra Lula e os demais condenados pela Lava Jato, a apuração pelo Ministério Público e o Supremo Tribunal Federal (STF) dos procuradores envolvidos nos mecanismos da "República de Curitiba" e o restabelecimento da primazia do Estado de Direito, com a extinção da força tarefa da Lava Jato e de seus braços pelo país.

Neste momento, Sérgio Moro se encontra nos Estados Unidos, uma viagem que gera mais suspeitas ainda sobre as suas nefastas vinculações com organismos do aparelho judiciário e de inteligência daquele país. É mais uma relação da Lava Jato que precisa ser devidamente esclarecida e apurada.

A derrota dos mecanismos criminosos do *lavajatismo* é fundamental para deter o estado policial em gestação no governo Bolsonaro que, ao lado da tutela militar, opera a mudança do regime político, tendo como objetivo estratégico a eliminação da esquerda e das forças populares como atores decisivos na disputa de rumos do país.

Intercept derrete Moro, Bolsonaro quer confronto e a agenda da esquerda

Publicado em 17/06/2019

A semana foi marcada por eventos políticos que sacudiram o país, com destaque para as graves revelações do site The intercept sobre o modus operandi criminoso da operação Lava Jato e da perseguição política movida contra o ex-presidente Lula. A impressionante volatilidade da situação política comportou ainda uma greve geral na sexta-feira e a demissão de três generais por Bolsonaro no decorrer da semana.

O ex-juiz e ministro da Justiça, Sérgio Moro, sempre contou com uma imprensa aliada que auxiliava a sua projeção para além das fronteiras do provinciano estado do Paraná. O então juiz foi até guindado à condição de herói nacional no combate à corrupção. A operação Lava Jato seria um modelo de uma "justiça rápida e eficiente para todos, sem distinção de classe" entoava o coro coletivo da mídia lavajatista.

Porém as revelações do site The Intercept abalaram rapidamente a credibilidade do "mito", que enfrenta uma avalanche de reprovações e críticas por sua conduta criminosa e irresponsável até entre os seus apoiadores, a começar pela mídia corporativa. Moro estampa as capas das principais revistas semanais do país, dessa vez ele é o alvo das críticas.

Moro conduzia os processos da Lava Jato na época em que os diálogos divulgados pelo site teriam ocorrido e foi o responsável pela condenação do ex-presidente Luiz Inácio Lula da Silva à prisão, devido ao processo referente à propriedade de um apartamento triplex, localizado no balneário do Guarujá, no Litoral de São Paulo, um imóvel que nunca pertenceu ao líder petista.

Os diálogos mostram que Moro orientava os procuradores nas acusações, nos processos que ele mesmo julgaria posteriormente, o que é uma grave violação do Estado de Direito e das normas da Magistratura. Alguns diálogos divulgados indicam que Moro chegou a orientar como a força-tarefa da Lava Jato, coordenada por Deltan Dallagnol, deveria proceder com a imprensa para rebater as argumentações da defesa do ex-presidente. Moro era titular da 13ª Vara Federal de Curitiba (PR) e teria ajudado a construir a estratégia da imprensa para fazer frente ao que chamou de "showzinho da defesa" do petista.

O jornalista Glenn Greenwald promete novas e bombásticas revelações para os próximos dias. Uma "bala de prata" no rol de vazamentos pode levá-lo [Moro] diretamente ao cadafalso. Na quarta-feira (19), Sergio Moro fará o seu depoimento no Senado.

Bolsonaro aposta no confronto

Os últimos movimentos do presidente Jair Bolsonaro apontam para uma aposta no confronto, com o avanço das posições de extrema direita neofascista no interior do governo. A demissão do general Santos Cruz é um indicativo dessa operação em curso. Bolsonaro quer, ao mesmo tempo, enquadrar a Direita tradicional e intimidar as forças populares e de esquerda.

Para pressionar ainda mais as instituições do Estado – Congresso e o Supremo Tribunal Federal (STF) – o núcleo duro bolsonarista usa os generais para mandar recados e lança mão, quando necessário, dos movimentos de apoio com que conta na sociedade, como pretende fazer no próximo dia 30 de junho com a convocação de manifestações em "defesa das reformas". Além das "tropas de choque" do bolsonarismo, grupos como o MBL e o Vem Pra Rua participarão dos atos em frente unida com a agenda do governo, o que não aconteceu no 26 de maio passado.

Agenda de acumulação e resistência ativa

A Greve Geral de sexta-feira (14) foi mais um momento de acumulação de forças na batalha em curso contra o governo Bolsonaro. As paralisações atingiram categorias importantes de trabalhadores e demonstraram a tendência crescente da vontade de mobilização e de resistência ativa de vastos segmentos da população dos grandes centros urbanos e das cidades médias e pequenas do interior do país.

Segue na ordem do dia a luta para derrotar o conjunto do nefasto projeto de reforma da Previdência. Resistir nas ruas e no parlamento. Qualquer tipo de "acordo mínimo" em torno do projeto de Bolsonaro/Guedes, como ensaiam os governadores do Nordeste (inclusive os do PT e Flávio Dino (PCdoB), será desastroso para os interesses dos trabalhadores e do povo pobre, abrindo espaço para a desmoralização e o enfraquecimento da esquerda.

Ao contrário, devemos apostar na mobilização popular para derrotar a reforma da Previdência, o desmonte da Educação e dos direitos sociais. Incrementar novas ações da Campanha Lula Livre e demandar punição para os crimes da Lava Jato. As centrais sindicais e as frentes de lutas precisam também construir uma grande campanha nacional de combate ao flagelo do desemprego e do desalento.

Portanto, seguir acumulando forças com uma resistência ativa nas ruas para derrotar o projeto autoritário e excludente do governo Bolsonaro e a agenda neocolonial das classes dominantes.

O pacto dos podres poderes e a batalha das ruas

Publicado em 04/06/2019

A semana passada foi marcada pela volta do protagonismo das ruas, com manifestações contra e a favor do governo Bolsonaro, e as tentativas de articulação de um pacto dos poderes para aplicar a agenda antipopular e de destruição do país.

O cenário político permanece atravessado por um quadro de polarização, desmonte social e institucional. A economia derrete e a pobreza avança novamente no país.

No andar de cima, cresce a desconfiança na capacidade de Bolsonaro conduzir a agenda de reformas neoliberais e de mudanças constitucionais, uma transição de uma democracia limitada, oriunda da Carta de 1988, para um estado com tutela militar e do aparato policial lavajatista.

A disputa entre as classes dominantes tradicionais e a força política de extrema direita, representada por

Bolsonaro, tende a continuar e expressa divergências táticas e de luta por espaços na condução da agenda e dos negócios do Estado. Porém, estão unificados na necessidade de execução do programa de contrarreformas em curso.

A extrema direita bolsonarista tem um projeto claro e definido: abrir espaço para mudar o regime político e liquidar a esquerda política e social. Daí a necessidade do bolsonarismo tensionar e provocar a disputa também no terreno ideológico.

Por sua vez, as forças políticas tradicionais da burguesia operam no sentido de aplicar o programa sem maiores traumas e reduzindo a intensidade dos confrontos. Esse é o esforço de representantes políticos como Rodrigo Maia (DEM-RJ) e da mídia corporativa (Globo, Folha, etc), que criticam os excessos e os maus modos de Bolsonaro.

O esforço político para a construção de um pacto das elites, encenado no café da manhã do Palácio da Alvorada, na terça-feira da semana passada, entre Bolsonaro, Maia, Alcolumbre e Dias Toffoli, busca aparar as arestas e conter o "radicalismo" do presidente. Trata-se de um pacto para garantir as reformas do governo Bolsonaro – com prioridade para a reforma da Previdência – as medidas de austeridade fiscal com o desmonte de direitos sociais, o projeto policial de Sérgio Moro e a perseguição ideológica aos educadores, artistas e jornalistas.

É um pacto dos poderes com o aval do Supremo Tribunal Federal (STF) e dos generais. Um pacto dos "podres poderes" contra o povo. As entrevistas de

Rodrigo Maia nesta segunda-feira (3) aos jornais Folha de São Paulo e o Globo apontam nessa direção.

O protagonismo das ruas, com uma ligeira vantagem do campo popular e democrático nas últimas manifestações, é animador e abre a perspectiva de uma resistência ativa e de massas contra o pacto dos podres poderes e as contrarreformas. Para o PT e o conjunto da esquerda, somente a generalização dos protestos políticos e sociais será capaz de aprofundar as rachaduras no casco do governo da extrema direita e afundar o seu nefasto projeto.

Uma grande paralisação nacional no dia 14 de junho, principalmente da classe trabalhadora, pode significar um reforço essencial na batalha das ruas por um novo rumo ao país.

Bolsonaro e Moro encolhem no 26 de maio

Publicado em 27/05/2019

O presidente Jair Bolsonaro (PSL) apelou às ruas para enquadrar o "Centrão", os ministros do Supremo Tribunal Federal (STF) e, ao mesmo tempo, intimidar a oposição de esquerda ao seu governo. A tentativa de demonstração de forças ficou aquém do esperado pelo bolsonarismo, que saiu menor e dividido das manifestações.

Foi o primeiro grande erro tático do bolsonarismo que transmitiu ao longo da semana de convocação dos atos, uma oscilação sobre o eixo político das manifestações, tentando esconder o seu viés claramente golpista e antidemocrático. O que gerou atritos nas hostes da Direita política e dissenção de grupos como o MBL , Vem Pra Rua, governador João Doria e de personalidades como a deputada paulista Janaína Paschoal.

As manifestações reuniram menos gente que nos atos em defesa da Educação do dia 15 de maio. Porém, é necessário registrar que as manifestações na avenida Paulista e na orla de Copacabana foram expressivas e com participação de massa. No restante do país, os atos juntaram a militância mais orgânica do bolsonarismo. No Nordeste, os atos foram fracos.

Apesar do fracasso político das manifestações, a corrente protofascista representada pelo bolsonarismo mostra ainda capacidade de mobilização e organicidade política, rivalizando com a esquerda o protagonismo de rua. O presidente Jair Bolsonaro saiu chamuscado do dia 26 de maio, mas segue com um apoio fiel e consistente de pelo menos 20% da população. Nenhuma liderança da velha direita reúne essa força.

A terceira lei de Newton e a precificação

A política real, como na Física, é movida por leis implacáveis. A terceira lei de Newton ensina que para toda ação existirá uma reação da mesma intensidade e força no sentido contrário. Isto pode significar na concretude da política três movimentos: o "Centrão" pode aumentar a precificação dos acordos nos projetos de interesse do governo que dependem da aprovação do Congresso (reforma da Previdência, Licença para Matar de Moro e etc); segundo, um novo arranjo no interior da base bolsonarista, com maior contenção do clã e crescente perda de protagonismo do grupo olavista; terceiro – o aumento do poderio político dos generais, que querem uma espécie de regime de "bonapartismo institucional" e não o "bonapartismo imperial" almejado por Bolsonaro e por seu guru Olavo de Carvalho.

Ou seja, tudo que Bolsonaro queria evitar com as manifestações de rua de domingo, ele precipitou forçando a definição política de parceiros e aliados do governo e também abrindo uma zona de conflito com fortes instituições do *establishment*, como o STF. Bolsonaro e Moro pagarão um preço político pelo erro tático de domingo. Apesar do entusiasmo de ambos nas redes sociais ontem, a conta amarga vai chegar e logo.

As rachaduras no andar de cima e as contradições do governo Bolsonaro potencializam o surgimento de uma alternativa democrática e popular em resposta à crise política de governabilidade das elites e do desmonte social.

Por tudo isso, vamos ao 30 de maio em defesa da Educação rumo à greve geral e 14 de junho em defesa da Previdência e da Democracia!

Establishment quer um bolsonarismo sem Bolsonaro

Publicado em 20/05/2019

O establishment político-empresarial, os barões do mercado daqui e de fora, as grandes corporações transnacionais, com atuação no país, começam a fraquejar na sua fé e a duvidar da capacidade do presidente Jair Bolsonaro (PSL) de entregar o prometido: ou seja, transformar o país no território livre do capitalismo selvagem, sem qualquer regulação, com desnacionalização completa da economia e rédeas soltas para a exploração dos trabalhadores, sem direitos e mal pagos.

Na semana mais difícil da curta existência do pífio e desastroso governo Bolsonaro, os alquimistas do mercado e seus braços políticos e midiáticos iniciaram uma operação para encontrar mais uma saída por cima, sem povo, e de preferência com aparência de legalidade.

Trata-se da busca de uma saída política e institucional que preserve o programa econômico de Paulo Guedes e a agenda conservadora bolsonarista. Uma fórmula tipo um bolsonarismo de baixo teor, sem a turbulência tuiteira e a agressividade olavista do ex-capitão. Algo como um *bolsonarismo light.*

As cartas começam uma a uma a serem apresentadas e testadas, por ora, em ambientes refinados de São Paulo e Brasília e em editoriais dos jornais quatrocentões. Ainda de forma experimental, mas, a grosso modo, se examina duas alternativas: O "parlamentarismo branco" com Rodrigo Maia (DEM-RJ) empoderado e Bolsonaro esvaziado, tolhido em sua iniciativa política e contido por esse arranjo. O grande empecilho para essa solução é a capacidade de resistência do próprio Bolsonaro e de seus batalhões mais aguerridos e fanáticos de apoiadores.

A segunda alternativa é mais problemática e também implica em variáveis que podem sair do controle. O movimento pelo impeachment de Bolsonaro e a entronização do general Hamilton Mourão na presidência. Uma operação que o establishment espera contar com a anuência dos militares, do Supremo e também de, pelo menos, parte da oposição, constituindo um autoproclamado governo de união nacional, com a manutenção das reformas neoliberais (Previdência, reforma regressiva do Estado) e a continuidade da Lava Jato.

O clã Bolsonaro e suas tropas já farejaram a armação e partiram para o combate, convocando atos e manifestações de rua para o domingo, dia 26 de maio. Acossada, a extrema direita é mais bestial e provocadora. Apesar do veloz desgaste, o bolsonarismo ainda mantém uma base social orgânica até mesmo em camadas mais pobres da população. Além de uma forte presença na baixa oficialidade das Forças Armadas, setores da Polícia Federal, nas polícias militares e em agências de prestação de serviços de segurança. Esses segmentos foram os mais contaminados pelo ideário bolsonarista e são um fator de permanente tensão nos cálculos de uma estratégia política que implique na remoção de Jair Bolsonaro.

Por sua vez, o PT e a esquerda precisam continuar apostando as suas cartas na resistência popular e na acumulação política por uma saída democrática da crise, sem alimentar qualquer ilusão com arranjos por cima e de atalhos políticos, tipo impeachment de Bolsonaro. Povo na rua e mobilizado é o mais seguro capital político que podemos contar para o futuro imediato e a longo prazo.

A presidente nacional do PT, deputada Gleisi Hoffmann (PR), refutou nesta semana com assertividade a tese que vem sendo construída pela velha mídia de que a alternativa a Jair Bolsonaro seria o general Hamilton Mourão, Sérgio Moro ou Paulo Guedes. Para a dirigente petista, "o momento é difícil e triste no Brasil e pediu para que ninguém se iluda com as saídas 'Mourão, Moro e Guedes'. Porque, segundo Gleisi, eles representam o programa [neoliberal] implantado no País".

As numerosas e unitárias manifestações estudantis e populares do dia 15 de maio apontaram o caminho da resistência e da luta contra a totalidade da agenda do governo Bolsonaro. O que indica que as condições melhoraram para a construção de uma resistência ativa e de massas, impulsionada a partir de uma agenda política contra a reforma da Previdência, contra o desmonte dos direitos sociais, da Educação, da Saúde, contra o desemprego, pelo fim da Lava Jato, pela liberdade de Lula e todos os presos políticos e pela convocação de uma Assembleia Nacional Constituinte.

Somente com uma agenda de ruptura é que seremos capazes de contribuir para um futuro democrático, de inclusão social e de prosperidade, contemplando os verdadeiros anseios do povo trabalhador e pobre do Brasil.

Estudantes apontam o caminho da rua para derrotar Bolsonaro

Publicado em 13/05/2019

"Educação não é esmola. Oh, Bolsonaro tira a mão da minha escola", com essa palavra de ordem milhares de secundaristas dos Colégio Pedro II, do Instituto Federal de Ciência e Tecnologia (IFRJ), do Centro Federal de Educação Tecnológica Celso Suckow da Fonseca (Cefet-RJ), da Fundação Osório e do Colégio de Aplicação da Universidade Federal do Rio de Janeiro (CAp-UFRJ) iniciavam na última segunda-feira (6) um novo ciclo de protestos estudantis, que logo ganharia dimensão nacional.

O protesto dos secundaristas cariocas desatou uma onda de manifestações por todo país, contagiando outros setores vinculados ao sistema educacional. Manifestações de estudantes universitários reuniram também milhares nas ruas de Salvador, Niterói, Curitiba e em capitais nordestinas contra o criminoso corte de verbas das universidades e institutos federais.

Como nas multitudinárias manifestações das jornadas de junho de 2013, o polo mais dinâmico do atual movimento são os coletivos estudantis e os grupos formados e mobilizados via redes sociais por cursos e campi universitários. Porém, há uma diferença fundamental com aquele movimento, agora a reivindicação tem um alvo e um foco comum: os cortes de verbas da Educação feitos pelo governo Bolsonaro.

A retomada das ruas pelos estudantes indica um caminho para o conjunto dos movimentos sociais na luta para derrotar a agenda neoliberal e antidemocrática do bolsonarismo, estimulando o difuso desejo de revolta de amplos segmentos afetados pela razia do governo de milicianos, generais e tribunais.

O protagonismo dos estudantes nas ruas orienta para uma *resistência ativa e de massas*, impulsionada a partir das demandas concretas da população. Somente a mobilização social será capaz de criar uma muralha política para deter e derrotar o projeto da extrema direita em curso.

Portanto, para o PT (e ao conjunto da esquerda) cabe o mergulho profundo na agenda de mobilizações do mês de maio, participando de forma vigorosa dos protestos de rua, estimulando desde da base a ação militante e lado a lado dos setores sociais mobilizados realizar o necessário exercício da disputa de rumos políticos no interior do movimento.

Na rota de acumulação de força política e organizativa, temos dois momentos importantes da agenda de resistência ativa, além da mobilização estudantil, a greve nacional em defesa da educação desta quarta-feira (15) e a preparação da greve geral de 14 de junho.

Mais uma vez, como diziam os jovens franceses da geração de 1968, a beleza está nas ruas...

Frente única para derrotar a ofensiva de Bolsonaro contra as universidades

Publicado em 06/05/2019

A decisão do Ministério da Educação (MEC) de bloquear de forma linear de 30% a 40% das verbas destinadas ao custeio das universidades e institutos tecnológicos é um ato criminoso, que impacta diretamente nas atividades básicas e rotineiras do sistema federal de ensino superior, integrado por 60 universidades e por quase 40 institutos espalhados pelo país.

Trata-se de uma ofensiva política e material em sintonia com a guerra ideológica obscurantista travada pelo *bolsonarismo* contra o pensamento crítico e plural cultivado em nossas universidades e centros de pesquisas científicas.

Ao mesmo tempo em que o governo Bolsonaro (PSL) opera a asfixia econômica, desenvolve uma intensa patrulha ideológica para intimidar os reitores e o conjunto do mundo acadêmico e científico. O ministro Abraham Weintraub, que carrega os traços característicos do lumpesinato político liderado por Olavo de Carvalho, foi escalado para desempenhar o papel de executor das medidas para o desmonte e degradação das universidades federais.

Os cortes afetam os serviços básicos e operacionais de manutenção predial, segurança, limpeza, serviços de assistência estudantil, entre outros insumos, precarizando o desempenho das universidades e institutos. O ensino superior e a área de ciência e tecnologia enfrentam desde o governo golpista de Temer uma diminuição dos repasses de recursos.

Uma das falácias do discurso governista, é que os cortes não atingem o ensino básico. Segundo um levantamento feito pela Associação Nacional dos Dirigentes das Instituições de Ensino Superior (Andifes), com dados públicos do Sistema Integrado de Planejamento e Orçamento do Ministério da Economia, mostra que os bloqueios na pasta não pouparam nenhum dos ciclos do sistema educacional. O MEC bloqueou, por exemplo, R$ 146 milhões, dos R$ 265 milhões previstos inicialmente, para construção ou obra em unidades do ensino básico – a construção de creches, por exemplo.

Foram retidos recursos para o ensino técnico e a educação a distância. Todo o recurso previsto para o Programa Nacional de Acesso ao Ensino Técnico (Pronatec), R$ 100,45 milhões, está bloqueado. O Mediotec, ação para que alunos façam ao mesmo tempo o ensino médio e técnico, tem retidos R$ 144 milhões dos R$ 148 milhões previstos inicialmente. Ou seja, uma razia completa, que prejudicará milhões de jovens na busca de uma qualificação mínima para assegurar alguma forma de empregabilidade.

No Paraná, os cortes atingiram um montante de R$ 120 milhões de reais: UFPR – 48 milhões de reais, UTFPR – 37 milhões de reais, IFPR – 21 milhões de reais e Unila – 14 milhões de reais.

Para derrotar a criminosa ofensiva da extrema direita governista contra a Educação e ao pensamento crítico, é indispensável a construção de uma *frente única* de todo o mundo acadêmico – reitores, gestores da burocracia universitária, docentes, pesquisadores, estudantes e servidores. Porém, é preciso envolver o conjunto da sociedade, travar a disputa de narrativa, mobilizar o parlamento, as corporações e conselhos profissionais, os movimentos sociais, os governos estaduais e prefeituras.

Dia 15 de maio, dia da greve nacional em defesa da educação, será o primeiro momento para organizar e generalizar a luta.

O chamado de Lula à resistência popular

Publicado em 29/04/2019

A entrevista exclusiva do ex-presidente Lula, concedida aos jornalistas Mônica Bergamo (Folha de São Paulo) e Florestan Fernandes (El País) na sexta-feira (28), foi o fato político mais relevante da semana no país, alcançando também repercussão internacional. Uma entrevista que já ficou histórica.

Além de furar o silêncio imposto ao ex-presidente Lula, a entrevista assegurou a voz do maior líder popular do país, encarcerado há mais de um ano pela operação Lava Jato, na sede da Polícia Federal, em Curitiba.

Durante a entrevista, Lula reafirmou, com veemência, a sua inocência e a condição de alvo político de uma farsa montada pelo então juiz Sérgio Moro e pelos procuradores da Lava Jato em Curitiba contra ele, forjando uma condenação sem provas e por fatos indeterminados. Lula denunciou a Lava Jato, a perseguição judicial, exigiu um julgamento justo e disse que lutará para desmascarar a farsa de Sergio Moro.

Ao analisar a conjuntura e seus desdobramentos, Lula fez uma dura radiografia do desastre do governo Bolsonaro e de suas políticas antipopulares e de desmonte do país. "Eu tenho compromisso com esse povo. E eu estou vendo a obsessão que está acontecendo agora. De destruir a soberania nacional. De destruir empregos. De juntar R$ 1 trilhão, para quê? Às custas dos aposentados?", declarou indignado.

Sobre a proposta de reforma da Previdência disse Lula: "Um país que não gera emprego, não gera salário, não gera consumo, não gera renda, quer pegar do aposentado e do velhinho R$ 1 trilhão? O Guedes precisava criar vergonha. Onde ele fez esse curso de economia dele? Se ele quiser me visitar aqui, eu discuto com ele esse problema dos pobres sem causar prejuízo aos pobres. Por que ele não mostra os privilegiados (de quem) eles falam que vão acabar com os privilégios?"

Ou seja, o líder petista apontou os interesses em jogo com o desmonte do sistema público de Previdência, principal projeto do governo bolsonarista, e apelou para a sua rejeição em bloco.

O conjunto da entrevista revelou um Lula combativo, indignado, com vontade de liderar a mobilização popular. O tempo de cadeia e a campanha de desconstrução política de seu legado na presidência, não enfraqueceram o seu vigor e determinação, como ele mesmo registrou, "sou um pernambucano teimoso e vou lutar".

Lula abordou também a relação dos sindicatos com os trabalhadores, alertando os dirigentes sindicais para as novas dinâmicas no mundo do trabalho, as mudanças operadas no perfil da classe trabalhadora e a necessidade de intensificar o diálogo com os trabalhadores precarizados e que estão na informalidade.

Também ressaltou o papel e a grandeza do PT, fez referências ao futuro promissor da liderança de Guilherme Boulos (PSOL), elogiou o governador do Maranhão, Flávio Dino (PCdoB), e acenou para um ajuste na relação com Ciro Gomes (PDT).

Sobretudo, a mensagem central, o sentido político que fica da entrevista de Lula, é o da inadiável e imperativa tarefa de construção da resistência popular ao governo da extrema direita, do "bando de malucos', como classificou, abrindo a perspectiva de um novo rumo para o país – com inclusão social, democracia e protagonismo popular.

Lula vai falar: Derrota política e simbólica da Lava Jato

Publicado em 22/04/2019

A decisão do Supremo Tribunal Federal (STF), na quinta-feira (18), que liberou o ex-presidente Lula para dar entrevistas aos veículos que pediram autorização, no caso os jornais Folha de São Paulo e o El País, assegura o primeiro contato do líder petista com a imprensa após a sua arbitrária prisão política.

Os jornalistas Mônica Bergamo (Folha de São Paulo) e Florestan Fernandes (El País) serão os primeiros profissionais da imprensa com acesso ao ex-presidente Lula. A decisão de Toffoli rompe o silêncio imposto ao ex-presidente e foi resultado da queda de braço entre a Lava Jato e os ministros do STF.

Ao decidir enfrentar a campanha de fake news contra os ministros da corte suprema, Dias Toffoli atirou na liberdade de imprensa censurando dois veículos da imprensa lavajatista, porém, quando suspendeu a equivocada decisão, teve também que ceder aos pedidos de entrevistas com o ex-presidente Lula, engavetados por Luiz Fux ainda em setembro de 2018.

O fato ganha maior relevância na medida em que significa mais uma reação do STF contra os abusos e as ações ilegais da Lava Jato. Durante os últimos anos, a força-tarefa cumpriu um papel de promotora de um novo modelo de Justiça – de exceção e populista.

Em nome do combate à corrupção, a Lava Jato debilitou a democracia no país e iniciou uma feroz perseguição ao Partido do Trabalhadores (PT) e aos seus líderes. A atuação da força-tarefa de Curitiba foi um elemento decisivo para a promoção do impeachment da presidente Dilma Rousseff e do posterior encarceramento de Lula.

Além disso, a operação Lava Jato adotou um *modus operandi* em confronto aberto com a Constituição, abusando de mecanismos como as conduções coercitivas sem amparo legal, longas prisões preventivas, vazamentos seletivos e delações premiadas continuadas e reeditadas conforme a necessidade política do momento.

A prática do *lawfare* em larga escala e um ativismo de procuradores e juízes sem precedentes, com intervenções na cena política, a promoção de campanhas ("Dez Medidas") e o estímulo da mobilização popular nas redes sociais e até de manifestações de rua foram, de certa forma, se naturalizando.

A Lava Jato se tornou uma espécie de "quisto" antidemocrático, que se expandiu e agora briga para se manter e se eternizar. Vale lembrar a criação de um aparelho permanente e sem previsão legal para gerir fundos e operar a destinação de recursos judiciais – que é a *fundação* criada por Deltan Dallagnol.

A Lava Jato também causou pesados danos colaterais à economia do país, desmontou a construção pesada, a cadeia do petróleo e gás, dizimou a indústria naval e da construção civil, gerando desemprego e o esvaziamento econômico de centenas de cidades.

A última vítima fatal da Lava Jato foi o ex-presidente peruano e líder aprista, Alan García, que cometeu suicídio momentos antes de sua condução para o cárcere. Garcia foi atacado por longos meses pelo braço peruano do lavajatismo. A mesma campanha é orquestrada contra a ex-presidente da Argentina, Cristina Kirchner. A peronista tem enfrentado uma odiosa campanha de mentiras e ações de *lawfare*.

Nesse contexto, de ofensiva da direita com a criminalização da política, via Lava Jato, e da formulação de projetos de leis autoritários e anticonstitucionais, como o projeto de Sérgio Moro de "licença para matar", a voz de Lula será um contraponto potente ao lavajatismo e ao desastroso governo de Bolsonaro.

As entrevistas com Lula, caso não surja nenhum casuísmo judicial nas próximas horas, terão um sabor de derrota política da Lava Jato e carregam o simbolismo da força da palavra do maior líder popular do país. Lula vai falar e o Brasil precisa ouvir sua voz.

O MEC e a guerra ao 'marxismo cultural' nas universidades

Publicado em 15/04/2019

A substituição de Vélez Rodríguez por Abraham Weintraub no Ministério da Educação (MEC) significa uma aposta de Bolsonaro na continuidade da disputa ideológica, com maior intensidade e coordenação, na área educacional. Também foi um gesto político que fortaleceu o núcleo mais extremista do *bolsonarismo* em detrimento do espaço dos militares no primeiro escalão do ministério.

Weintraub, como Vélez, foi uma indicação do jornalista Olavo de Carvalho para atuar numa área considerada pelo governo sob "controle" da esquerda. Portanto, segundo essa leitura reducionista e arbitrária, uma frente de combate ideológico. Logo era necessário ajustar as peças para iniciar a guerra ao impreciso e vago conceito de "marxismo cultural", mas que tem materialidade e concretude no corpo técnico especializado e de carreira do MEC, no funcionamento das instituições universitárias, nos reitores eleitos pela comunidade, na autonomia universitária, nos programas e projetos pedagógicos.

A partir dessas premissas, a agenda do novo ministro indica um período de tensão política no interior do MEC e do sistema federal de ensino, abrangendo também instituições como o INEP (Instituto Nacional de Estudos e Pesquisas Educacionais Anísio Teixeira), a Capes (Coordenação de Aperfeiçoamento de Pessoal de Nível Superior) e a rede federal de universidades tecnológicas.

Em outra frente, o ministro Weintraub, um cruzado neoliberal, será o elo com o ideário econômico de Paulo Guedes, que opera o fim das vinculações constitucionais às despesas obrigatórias em Educação, Saúde e nas demais áreas sociais. Um projeto de desmonte sem precedentes do aparelho estatal construído desde a década de 30.

A combinação de guerra ideológica e impulso privatizante será a bússola estratégica da política desenvolvida pelo comando do MEC. O combate ao "marxismo cultural nas universidades" é apenas a primeira etapa do projeto de longo alcance de destruição do sistema público de ensino superior.

Para isso acontecer, é necessário estigmatizar as universidades (não esqueçam do recurso odioso da Lava Jato na Educação), quebrar a autonomia universitária, desacreditar o corpo docente, eliminar a escolha democrática dos reitores e acabar também com o Plano

Nacional da Educação, com o Fundeb e esvaziar paulatinamente o Enem.

Um cenário que aponta em perspectiva para uma dura batalha em defesa do conjunto do sistema educacional público, laico e universal no país. Uma luta profundamente ligada aos destinos da democracia no Brasil.

Portanto, o discurso de combate ao "marxismo cultural" nas universidades funciona como uma espécie de *Cavalo de Troia* para implantação de um outro modelo educacional – privatizado, excludente e regressivo.

Em memória de gigantes como Gustavo Capanema, Anísio Teixeira, Osvaldo Cruz, Noel Nutels, Paulo Freire, Darcy Ribeiro, Sérgio Buarque de Hollanda, Dona Ruth Cardoso, entre outros, que contribuíram com a grande epopeia civilizatória da criação de um amplo e inclusivo sistema público de ensino em nosso país, devemos lutar com toda energia contra o criminoso e obscurantista projeto bolsonarista para a Educação.

Artigo do ex-presidente Lula: Por que têm tanto medo de Lula livre?

Por Luiz Inácio Lula da Silva*

"Eles sabem que minha libertação é parte importante da retomada da democracia no Brasil. Mas são incapazes de conviver com o processo democrático" , escreve Lula em artigo na Folha de São Paulo neste domingo (7 de abril), quando completou um ano da sua prisão política em Curitiba.

Faz um ano que estou preso injustamente, acusado e condenado por um crime que nunca existiu. Cada dia que passei aqui fez aumentar minha indignação, mas mantenho a fé num julgamento justo em que a verdade vai prevalecer. Posso dormir com a consciência tranquila de minha inocência. Duvido que tenham sono leve os que me condenaram numa farsa judicial.

O que mais me angustia, no entanto, é o que se passa com o Brasil e o sofrimento do nosso povo. Para me impor um juízo de exceção, romperam os limites da lei e da Constituição, fragilizando a democracia. Os direitos do povo e da cidadania vêm sendo revogados, enquanto impõem o arrocho dos salários, a precarização do emprego e a alta do custo de vida. Entregam a soberania nacional, nossas riquezas, nossas empresas e até o nosso território para satisfazer interesses estrangeiros.

Hoje está claro que a minha condenação foi parte de um movimento político a partir da reeleição da presidenta Dilma Rousseff, em 2014. Derrotada nas urnas pela quarta vez consecutiva, a oposição escolheu o caminho do golpe para voltar ao poder, retomando o vício autoritário das classes dominantes brasileiras.

O golpe do impeachment sem crime de responsabilidade foi contra o modelo de desenvolvimento com inclusão social que o país vinha construindo desde 2003. Em 12 anos, criamos 20 milhões de empregos, tiramos 32 milhões de pessoas da miséria, multiplicamos o PIB por cinco. Abrimos a universidade para milhões de excluídos. Vencemos a fome.

Aquele modelo era e é intolerável para uma camada privilegiada e preconceituosa da sociedade. Feriu poderosos interesses econômicos fora do país. Enquanto o pré-sal despertou a cobiça das petrolíferas estrangeiras, empresas brasileiras passaram a disputar mercados com exportadores tradicionais de outros países.

O impeachment veio para trazer de volta o neoliberalismo, em versão ainda mais radical. Para tanto, sabotaram os esforços do governo Dilma para enfrentar a crise econômica e corrigir seus próprios erros. Afundaram o país num colapso fiscal e numa recessão que ainda perdura. Prometeram que bastava tirar o PT do governo que os problemas do país acabariam.

O povo logo percebeu que havia sido enganado. O desemprego aumentou, os programas sociais foram esvaziados, escolas e hospitais perderam verbas. Uma política suicida implantada pela Petrobras tornou o preço do gás de cozinha proibitivo para os pobres e levou à paralisação dos caminhoneiros. Querem acabar com a aposentadoria dos idosos e dos trabalhadores rurais.

Nas caravanas pelo país, vi nos olhos de nossa gente a esperança e o desejo de retomar aquele modelo que começou a corrigir as desigualdades e deu oportunidades a quem nunca as teve. Já no início de 2018 as pesquisas apontavam que eu venceria as eleições em primeiro turno.

Era preciso impedir minha candidatura a qualquer custo. A Lava Jato, que foi pano de fundo no golpe do impeachment, atropelou prazos e prerrogativas da defesa para me condenar antes das eleições. Haviam grampeado ilegalmente minhas conversas, os telefones de meus advogados e até da presidenta da República. Fui alvo de uma condução coercitiva ilegal, verdadeiro sequestro. Vasculharam minha casa, reviraram meu colchão, tomaram celulares e até tablets de meus netos.

Nada encontraram para me incriminar: nem conversas de bandidos, nem malas de dinheiro, nem contas no exterior. Mesmo assim fui condenado em prazo recorde, por Sergio Moro e pelo TRF-4, por "atos indeterminados" sem que achassem qualquer conexão entre o apartamento que nunca foi meu e supostos desvios da Petrobras. O Supremo negou-me um justo pedido de habeas corpus, sob pressão da mídia, do mercado e até das Forças Armadas, como confirmou recentemente Jair Bolsonaro, o maior beneficiário daquela perseguição.

Minha candidatura foi proibida contrariando a lei eleitoral, a jurisprudência e uma determinação do Comitê de Direitos Humanos da ONU para garantir os meus direitos políticos. E, mesmo assim, nosso candidato Fernando Haddad teve expressivas votações e só foi derrotado pela indústria de mentiras de Bolsonaro nas redes sociais, financiada por caixa 2 até com dinheiro estrangeiro, segundo a imprensa.

Os mais renomados juristas do Brasil e de outros países consideram absurda minha condenação e apontam a parcialidade de Sergio Moro, confirmada na prática quando aceitou ser ministro da Justiça do presidente que ele ajudou a eleger com minha condenação. Tudo o que quero é que apontem uma prova sequer contra mim.

Por que têm tanto medo de Lula livre, se já alcançaram o objetivo que era impedir minha eleição, se não há nada que sustente essa prisão? Na verdade, o que eles temem é a organização do povo que se identifica com nosso projeto de país. Temem ter de reconhecer as arbitrariedades que cometeram para eleger um presidente incapaz e que nos enche de vergonha.

Eles sabem que minha libertação é parte importante da retomada da democracia no Brasil. Mas são incapazes de conviver com o processo democrático.

**Ex-presidente da República (2003-2010).*
Artigo originalmente publicado na Folha de São Paulo em 07/4/2019

O povo derrotou a ditadura e vai derrotar a gangue de Bolsonaro!

Publicado em 01/04/2019

Nesta segunda-feira, 1º de abril, nas ruas de todo o país vamos homenagear a memória de todos que pereceram em defesa da democracia. Os riscos e as ameaças à democracia feitas pelo governo Bolsonaro, de generais, neoliberais e tribunais -, terá que enfrentar, cada vez mais, uma muralha política de resistência e rebeldia popular.

Foram 21 anos de luta popular, sindical, estudantil, cultural, parlamentar, clandestina e legal -, mas o povo pouco a pouco foi erguendo a muralha da resistência, construindo suas organizações, levantando as bandeiras pelas liberdades democráticas, pela anistia, pelo fim das torturas e do aparelho repressivo de assassinatos de opositores, do terrorismo de estado, a partir do AI-5, em dezembro de 1968.

Muitos perderam a vida nesse duro combate, uma legião de órfãos, viúvas, mães sem paradeiro do filho desaparecido, mas a luta continuou...E foi crescendo e crescendo até o isolamento político e moral da ditadura e de seus generais nos meados dos anos 80'.

Agora, novamente, a democracia corre um risco crescente com um governo de neoliberais e generais. Uma malta que mescla facínoras de extrema direita, como Jair Bolsonaro, procuradores e juízes da cloaca antidemocrática da Lava Jato, generais de pijama e coronéis ávidos por fatias de poder — todos a serviço dos grandes consórcios de capitalistas e de banqueiros daqui e de fora.

Assim como encontramos o caminho da vitória contra a ditadura, haveremos de encontrar o caminho da vitória popular para libertar o Brasil da gangue de Bolsonaro.

Um povo unido e mobilizado fará prevalecer, mais cedo ou mais tarde, o peso da sua vontade para conquistar um país mais justo e inclusivo, esmagando a minoria apátrida que nutre ódio e desprezo pelos direitos econômicos e sociais da brava gente brasileira.

Neste domingo (31) e segunda (1), nas ruas de todo o país vamos homenagear a memória de todos que pereceram na luta pela democracia.

E seguir adiante na defesa dos princípios da Constituição Cidadã de 1988, na defesa da Previdência Pública, dos direitos econômicos e sociais do povo trabalhador, pela punição dos crimes da Lava Jato e pela imediata liberdade do ex-presidente Lula.

Lula livre é defender a democracia e derrotar ‘estado policial lavajatista’

Publicado em 19/03/2019

O Encontro Nacional Lula Livre, realizado no último sábado em São Paulo, além de ressignificar a campanha pela liberdade do ex-presidente, iniciou um processo de unidade das principais forças partidárias da esquerda, dos movimentos sociais e sindicais.

O evento, que reuniu mais de mil ativistas de todo o país, partidos políticos - PT, PSOL, PCdoB, PCO - lideranças sindicais, do movimento negro, jornalistas, militantes de 300 Comitês Lula Livre, representou também uma aliança prática entre a esquerda política e o ativismo social para enfrentar a agenda do governo de extrema direita de Bolsonaro.

Porém, o ganho de consciência mais importante dos dirigentes e militantes da esquerda política e social foi a compreensão de que a Campanha Lula Livre é o eixo central e unificador da luta pela democracia e um instrumento para derrotar o projeto em curso do governo da extrema direita – e de seu braço judicial na operação lava jato de criar as bases de um estado policial.

Projeto conduzido pelo ministro da Justiça Sergio Moro e pelos procuradores de Curitiba, protegidos pelo generalato reacionário, que integra o campo bolsonarista. E estimulado por setores do aparato midiático dos grandes grupos econômicos.

A tentativa da Lava Jato de montar um fundo bilionário, sem transparência e violando todos os princípios da gestão pública do estado brasileiro, despertou amplos segmentos do aparelho do Poder Judiciário dos riscos à democracia representado pela ação criminosa do grupo nucleado em Curitiba, que conta com o suporte do Departamento de Justiça dos EUA e de outras agências do império.

Como assinalou o sentido da mensagem do presidente Lula ao encontro: "A nossa luta é pela democracia e pela justiça. E só vamos alcançar esses objetivos defendendo os direitos do povo e a soberania nacional, porque foi contra estes valores que deram o golpe e interferiram na eleição. Foi para entregar nossas riquezas e reverter as conquistas sociais. Que os comitês Lula Livre tenham isso bem claro e atuem cada vez mais na sociedade, nas redes, nas escolas e nas ruas", disse o ex-presidente.

A prisão política de Lula, uma operação de *lawfare* para tirá-lo da disputa presidencial em 2018, teve revelada toda a trama com a nomeação de Sérgio Moro para o Ministério da Justiça de Jair Bolsonaro (PSL).

Neste sentido, a jornada nacional e internacional por Lula Livre, entre 7 a 10 de abril, será um momento decisivo para a incorporação de amplos segmentos do nosso povo no combate pela liberdade de Lula, contra o desmonte social, por punição para os assassinos de Marielle Franco, criando uma poderosa e potente rede de comitês de base da Campanha Lula Livre nos locais de trabalho, moradia, estudo, cultura e nas redes sociais.

O 'combo 3 em 1' do governo Bolsonaro para limar os sindicatos

Publicado em 10/03/2019

O governo do presidente Jair Bolsonaro decidiu abrir uma guerra frontal com o movimento sindical. Com uma agenda ultraliberal, que retira direitos sociais e econômicos da classe trabalhadora, cuja a principal medida é a "reforma" da Previdência, a dupla Bolsonaro/ Guedes aponta uma pesada artilharia para desarticular a estrutura sindical.

Trata-se de um combo de três medidas que opera em sintonia com o objetivo principal do governo neste momento, que é o fim do sistema previdenciário público e de repartição solidária – o modelo em vigência.

O combo de medidas tem três equações: a primeira é a Medida Provisória 873, que obstaculiza de imediato o financiamento da atividade sindical. As duas em seguidas integram o rol de consequências: a inanição material e financeira dos sindicatos, federações, confederações, centrais -, o que vai praticamente minar a capacidade de luta e resistência do sindicalismo ao governo da extrema direita. E mais adiante, já no forno do Planalto, segundo anunciou o secretário de Previdência Social e Trabalho, o ex-deputado Rogério Marinho, será editada uma PEC para acabar com a unicidade sindical. Um terceiro tiro, que completará o ciclo de esvaziamento e pulverização do "poder" sindical.

A maioria dos analistas políticos e consultorias econômicas acredita que os sindicatos estão desgastados e na defensiva para travar esta guerra de vida ou morte com o governo bolsonarista.

A MP 873/19 é uma continuidade da "reforma trabalhista" iniciada no governo golpista de Temer e tem como objetivo principal estrangular financeira e materialmente a organização dos trabalhadores.

É temerária qualquer tentativa de negociação ou barganha com o atual governo, que tem uma opção ideológica orgânica a favor do capital. E nem adianta perder tempo em reuniões com o general Mourão sobre a questão. O bloco governista joga fechado nisso daí...De ferrar com os sindicatos.

A medida assinada por Bolsonaro e pelo ministro da Economia, Paulo Guedes, acaba com as contribuições sindicais decididas em assembleia, determinando que elas sejam pagas individualmente, pelos filiados aos sindicatos, por boleto bancário.

O documento deve ser enviado diretamente ao trabalhador pela entidade sindical. Para cuja emissão a MP exige a "prévia, voluntária, individual e expressamente autorizado pelo empregado," autorização que deverá "ser individual, expressa e por escrito, não admitidas a autorização tácita ou a substituição dos requisitos estabelecidos neste artigo para a cobrança", e torna nula "a regra ou a cláusula normativa que fixar a compulsoriedade ou a obrigatoriedade de recolhimento a empregados ou empregadores", mesmo que "referendada por negociação coletiva, assembleia-geral ou outro meio previsto no estatuto da entidade."

Exige que a contribuição dos empregados "será feita exclusivamente por meio de boleto bancário ou equivalente eletrônico, que será encaminhado obrigatoriamente à residência do empregado ou, na hipótese de impossibilidade de recebimento, à sede da empresa."

A MP nº 873, portanto, é um dispositivo que visa estrangular a atividade sindical, criando uma legislação autoritária e impositiva para dificultar os meios de sustentação material da atividade de representação e organização da classe trabalhadora.

A MP é o primeiro e contundente movimento da guerra do bolsonarismo contra a atividade sindical. A derrota nessa batalha pode significar o dobre de finados do sindicalismo.

O revisionismo de Putin e a 'quinta morte' de Trotsky na série da Netflix

Publicado em 13/02/2019

Acompanhei com atenção a série sobre o revolucionário russo ainda no mês de dezembro e fui provocado a escrever alguma coisa. Sem o risco de cometer *spoilers*, creio que a maioria dos amigos e leitores com quem conversei já assistiram ao polêmico seriado. As diversas análises sobre a série Trotsky partiram de visões históricas e do papel político do companheiro de armas de Lênin e um dos principais líderes da Revolução de 1917.

Neste texto vou procurar desenvolver uma outra abordagem, não vou centrar a minha análise nas imprecisões históricas ou na estética da obra, aliás bem produzida. Ou mesmo em tentar refutar a visão deturpada veiculada na série sobre aquele processo político e social, que sacudiu o século XX e inaugurou a emergência de um movimento de caráter socialista radical em escala mundial, culminando com a criação da III Internacional Comunista e as tentativas de revolução na Alemanha.

A série é demolidora no trato da reputação dos líderes bolcheviques e de seus objetivos. Em rápidas pinceladas: Lênin é apresentado como um oportunista, um sujeito manipulador e sem qualquer escrúpulos para atingir seus objetivos políticos. Trotsky é despido de qualquer traço humano, é uma espécie de demônio, frio, arrogante, ditatorial, devorador de almas burguesas e de mulheres. Stálin é um anão político ressentido com o brilho e a liderança de Leon Trotsky. Parvus é o caixa-2 da revolução, financiando com dinheiro alemão a insurreição bolchevique contra o poder czarista.

Em traços gerais, como um *novelão*, os personagens reais e os fatos históricos são mesclados com amplas doses ficcionais, mas que servem ao projeto de revisão histórica atualmente em curso na Rússia.

O governo de Putin opera uma ampla revisão histórica com o objetivo político de consolidar o longo domínio de sua camarilha política no país . As populares séries produzidas pela televisão estatal russa buscam construir um imaginário de uma nova Rússia unificada, revitalizando o conhecido expansionismo grão russo. As séries "Demônio da Revolução" sobre Lênin, "Os Caminhos da Tormenta", sobre a agonia final das classes dominantes russas pré-1917, e "Trotsky" tratam de construir uma nova narrativa da história do país. O diretor da série "Trotsky", Alexander Kott, e o produtor,

Konstatin Ernest (produtora Sreda), possuem fortes vinculações com o partido de Putin, o Yedínaya Rossíya (Rússia Unida).

A "Era Putin" seria, assim, a síntese do melhor da história russa: agregando os valores unificadores e expansionistas da monarquia, aliado ao clero da Igreja Ortodoxa (a maior intérprete da alma profunda russa) e as conquistas científicas e o protagonismo mundial (incluindo a Grande Guerra Patriótica de resistência ao Nazismo) do período soviético.

A série reserva também momentos de densos diálogos como uma imaginária conversa entre o líder bolchevique e o psicanalista Sigmund Freud em Viena sobre o "caráter feminino das massas" e as discussões intimistas e perturbadoras com o jornalista Frank Jacson (Ramón Mercarder) no exílio forçado em terras mexicanas.

A série foi um sucesso de público na Rússia e popularizou Leon Trotsky para as novas gerações. Depois das sucessivas "mortes" do Trotsky real: a primeira, a *morte política* com o exílio forçado e a destituição da cidadania soviética; a segunda, a *morte afetiva*, com a separação e a liquidação física de sua família; a terceira, a *morte física do próprio Trotsky* patrocinada pelo estado soviético stalinizado, tão bem retratada na trilogia de Isaac Deutscher (O Profeta Armado, O Profeta Desarmado e O Profeta Banido). A quarta, a *morte da memória e do legado*, que foi uma ação não só do stalinismo, mas também de seus seguidores com as sucessivas cisões e cismas quase religiosos na minguada e esquizofrênica IV Internacional, que gerou facções políticas em nome do *trostskismo* como as sectárias e escatológicas correntes posadistas (do argentino Juan R. Posadas) e morenistas (do argentino Hugo Miguel Bressano, conhecido como Nahuel Moreno).

E agora, Putin, para fortalecer o poder autocrático da sua liderança, decretou a *quinta morte de Trotsky*.

Como a "alma penada" da mitologia portuguesa, Trotsky parece não ter desencarnado em definitivo da vida terrena -, seu espectro ainda ronda a alma dos vivos.

Resistência ativa para derrotar o governo Bolsonaro, de neoliberais, generais e tribunais! Por Lula livre!

Publicado em 02/01/2019

Em artigo publicado em 4 de novembro, uma semana depois do resultado do segundo turno, escrevi sobre a necessidade de um *eixo tático de resistência* que agrupasse a esquerda em torno da palavra de ordem *'Por Lula Livre'*. Republico o texto novamente acrescentando, porém, duas notas: uma sobre a decisão do PT , PSOL e frações do PCdoB de não participar da solenidade de posse do governo Bolsonaro. A segunda, com base nos discursos de posse e das primeiras medidas anunciadas pelo novo governo, acerca do *tipo e do caráter da oposição* que o PT e a esquerda devem construir a partir da nova conjuntura política pós-eleições.

Nota 1 – O Partido dos Trabalhadores (PT) e o Partido Socialismo e Liberdade (PSOL) acertaram politicamente quando decidiram não participar da solenidade de posse do novo governo no Congresso Nacional. O show de horrores e as provocações de Bolsonaro explicitaram, mais uma vez, que está em curso uma tentativa de mudança de regime, um novo modo de governar com traços bonapartistas e autoritários. Um regime de democracia limitada e tutelado pelo alto comando das Forças Armadas (FFAA). Além do ultraliberalismo entreguista na economia e do esmagamento dos direitos sociais e econômicos dos trabalhadores e dos pobres.

Nota 2 – Desde o golpe, via impeachment, que derrubou o governo da presidente Dilma Rousseff, segue uma disputa polarizada na sociedade brasileira centrada em duas narrativas básicas que disputam os rumos políticos do país, os corações e as mentes dos brasileiros. A polarização é um fato objetivo e segue ditando o comportamento dos atores políticos decisivos e do conjunto de classes e categorias sociais.

A prisão política de Lula e a vitória eleitoral de Bolsonaro são faces do mesmo e único processo. Se temos essa compreensão de conjunto, a questão nos remete, inevitavelmente, para a natureza do combate político que deveremos travar contra o governo dos neoliberais, generais e tribunais.

Logo, as altissonantes proclamações *por frentes amplas e de união da esquerda com o centro* têm pouca valia, se não identificarmos quem serão os nossos aliados fundamentais e as forças motrizes e centrais para derrotar o projeto dominante em curso.

Somente uma resistência ativa e de massas, impulsionada a partir das bases sociais dos trabalhadores organizados, do precariado dos grandes centros urbanos, da juventude e das camadas médias profissionais -, será capaz de criar uma muralha política para derrotar o projeto da extrema direita. Sem essa base social mobilizada e em luta por um projeto alternativo, a esquerda será cada vez mais batida e isolada.

O maior desafio, portanto, é como vamos atrair, reunir e mobilizar esses setores e segmentos sociais para uma efetiva e sólida resistência: a forma e o conteúdo político ganham importância nesse novo cenário. Ao mesmo tempo, as dificuldades que se apresentam são imensas: os sindicatos e centrais seguem distantes dos trabalhadores na base; as organizações estudantis tradicionais estão esvaziadas e sem poder de mobilização; as frentes *Brasil Popular* e *Povo Sem Medo* ainda operam no circuito restrito das camadas mais mobilizadas de ativistas sociais. MST e MTST ameaçados de criminalização. Ou seja, a esquerda precisa reinventar novas formas organizativas de protesto social, explorar com habilidade e inteligência os novos recursos de mobilização social aberto pelas redes sociais (os "coletes amarelos" da França, são um exemplo positivo nesse sentido).

Nesse sentido, para romper o círculo de ferro imposto pela extrema direita, que compõe o núcleo duro do novo governo, a esquerda vai precisar agir com mais audácia política, com mais vigor militante e assertividade organizativa, fortalecendo as ações extra-parlamentares, de rua – *atuando de fora para dentro das atuais instituições* – tensionando no limite a legalidade institucional do novo bloco dominante, das instituições parlamentares e dos tribunais.

É uma rota de acumulação de forças, que demarca com qualquer tentativa de acomodação e adaptação ao governo da extrema direita.

Serão tempos de sangue, suor e lágrimas...

Por Lula Livre, agrupar o PT e a esquerda para avançar a resistência popular

Publicado em 04 de novembro

Ainda estão crepitando as brasas da disputa eleitoral encerrada no último domingo (28), que, segundo os analistas políticos, foi a eleição presidencial mais polarizada na história do País. Grosso modo, dois projetos se defrontaram nas urnas, nas ruas e redes sociais. A vitória do candidato da extrema direita, Jair Bolsonaro (PSL), encerra um ciclo político iniciado com o processo de redemocratização, que aposentou os governos da ditadura e formulou o pacto político e social da Constituinte de 1988.

Aqui neste breve texto, o objetivo não é a realização de nenhum exame das causas da derrota do projeto democrático e popular, representado pelo candidato do Partido dos Trabalhadores, Fernando Haddad, mas, sim, prospectar os caminhos da necessária e inevitável resistência popular.

A vitória de Jair Bolsonaro (PSL), candidato de uma coalização de setores empresariais, banqueiros, militares, de segmentos do aparelho judiciário, do agronegócio mais reacionário, igrejas pentecostais e de grupelhos neofascistas, alcançando 57, 7 milhões de votos (55,13% dos votos válidos) contra 47,03 milhões (44,87%) de Fernando Haddad (PT), abre uma etapa de novos desafios políticos para a esquerda e redesenha o mapa da correlação de forças no país. Candidatos conservadores também venceram as eleições para os governos estaduais de São Paulo, Minas Gerais e Rio de Janeiro.

Ou seja, uma nova situação que vai exigir do conjunto da esquerda, em particular do PT, um esforço para a construção de uma frente política de resistência ao novo governo, tendo como núcleo central os partidos de esquerda e os movimentos sociais, para impulsionar uma potente oposição de caráter popular, construída pela base e unificada na defesa dos trabalhadores e dos pobres, da democracia, dos direitos sociais e da soberania nacional.

Nesse contexto, a retomada com todo vigor da campanha nacional e internacional por "Lula Livre" é um dos eixos centrais do combate ao governo autoritário, ainda mais agora com a nomeação do juiz Sérgio Moro para o Ministério da Justiça. Além disso, avulta a luta em defesa das liberdades democráticas e da soberania nacional. O que demanda também o debate mais aprofundado na esquerda da palavra de ordem de convocação de uma *Assembleia Nacional Constituinte* – bandeira demonizada pela direita e a mídia monopolizada.

Por último, a experiência de toda uma geração de militantes da esquerda, incluindo os petistas, se deu num quadro de ascenso de massas, de grandes mobilizações populares, de vitórias eleitorais e de ocupação de espaços no aparelho de Estado em diversos níveis. Mesmo durante o período de hegemonia neoliberal dos governos de FHC, a luta social avançou e o PT se fortaleceu, acumulando sempre mais força. Porém, a situação mudou de qualidade. Há uma evidente defensiva entre as camadas de trabalhadores organizados, a classe média se deslocou para o conservadorismo e temos um cenário internacional e latino-americano de avanço da direita.

É nessa conjuntura adversa que estamos chamados a travar o combate em defesa de nosso projeto civilizatório de nação, com audácia, resiliência e com o otimismo da esperança.

Resistir é o primeiro passo...

Posfácio

Caros leitores e leitoras,

Os artigos selecionados para este livro *A Saída é pela Esquerda* têm por objetivo central realizar um balanço e, ao mesmo tempo, uma denúncia dos 18 meses do governo do presidente Jair Bolsonaro – sua natureza e projeto político.

Ao longo desse período – da posse de Bolsonaro, em 1º de janeiro de 2019, até a última semana de junho, acompanhei a evolução da conjuntura e seus desdobramentos políticos.

A Saída é pela Esquerda faz a defesa clara de um posicionamento político de combate frontal ao governo da extrema direita presidido por Bolsonaro. Além disso, aponta, sem rodeios, que a saída para a crise política, econômica e sanitária em curso no país, só é possível com o fim do governo neoliberal e autoritário de Bolsonaro e dos generais -, a serviço das classes dominantes e do imperialismo.

No momento atual, a esquerda – partidos, movimentos sociais, sindicais e a intelectualidade progressista

– ainda precisa definir uma estratégia eficaz e minimamente comum para enfrentar o governo da extrema direita. Bolsonaro apela, com eficácia, para o discurso antissistêmico, arrastando apoio entre camadas do povo que identificam no sistema político e nas instituições de Estado os responsáveis por suas agruras e dificuldades de vida. Exatamente aí se concentra um eixo robusto de sustentação da narrativa bolsonarista. Ainda não logramos quebrar essa construção política.

Uma tarefa que exige um duplo esforço de diferenciação e, em alguns momentos, também de apoio condicional e pontual aos dirigentes do Congresso Nacional e da Corte Suprema – instituições que participaram ativamente do golpe de 2016 contra o mandato da presidente Dilma Rousseff e que estão desgastadas.

Para além da demarcação política com a velha direita, que busca um protagonismo pelo comando do processo – Maia, Doria, Fernando Henrique, STF -, a esquerda deve se bater, prioritariamente, na luta em defesa dos trabalhadores e da população mais pobre para resistir à catástrofe econômica, social e sanitária em curso. Somente assim, organizando a resistência popular, é que iremos acumular as forças necessárias para pôr fim ao governo Bolsonaro. É nesse contexto que se insere a palavra de ordem "Fora, Bolsonaro!".

A saída democrática da crise, com uma possível falência do governo Bolsonaro, aponta para a necessidade da construção de um vasto movimento de massas, organizado na base da sociedade, para derrotar globalmente o projeto das classes dominantes e do imperialismo.

Sem isso, a esquerda será abduzida por alguma saída por cima, costurada pelo establishment. Ou esmagada pelo fechamento bonapartista do regime, uma opção sempre presente no cardápio da fração dominante da "burguesia nacional", que comanda e controla as finanças do país.

Os artigos para o livro *A Saída é pela Esquerda* apresentam quatro blocos temáticos distribuídos ao longo da obra: 1. O caráter do governo Bolsonaro – autoritário, antidemocrático, com traços neofascistas e obscurantistas – Além da forte presença militar. 2. Aborda o neoliberalismo como eixo estruturante da política econômica do governo; o desmonte do estado nacional e das políticas de proteção aos direitos dos trabalhadores, com maior precarização, desemprego massivo e a ampliação crescente da pobreza. 3. A necessidade de uma resistência ativa, além da ação parlamentar e institucional; uma resistência de caráter popular e impulsionada por "baixo", nas ruas e nas redes, pela esquerda. 4. A saída democrática da crise, sob hegemonia da esquerda, sem arranjos e acordos com a chamada Frente Ampla de FHC e da velha direita em aliança com os dissidentes do bolsonarismo; a campanha pelo Fora, Bolsonaro!. A alternativa do impeachment e a anulação das farsas judiciais da Lava Jato contra o ex-presidente Luiz Inácio Lula da Silva, um ato de recuperação democrática -, que ganhou mais reforço agora com a confirmação das ações criminosas da força-tarefa de Curitiba em conluio os agentes do FBI – a polícia federal norte-americana.

A Saída é pela Esquerda também faz uma ponte com o meu livro *'A Política Além da Notícia e a Guerra Declarada Contra Lula e o PT'*, lançado em agosto de 2019, que apresenta uma abordagem passo a passo do papel da Lava Jato no golpe contra o governo da presidente Dilma Rousseff, favorecendo as condições políticas para a emergência de um governo da extrema direita em nosso país.

Uma boa leitura!

Milton Alves
Curitiba (PR), julho de 20

Fim da proscrição política de Lula é uma exigência democrática

Publicado em 08/09/2020

O ex-presidente Luiz Inácio Lula da Silva é alvo de odiosa proscrição política: durante anos, Lula enfrenta uma orquestrada e sem precedentes operação de *lawfare* conduzida pela chamada operação Lava Jato. Além disso, na mídia a serviço dos poderosos, segue uma permanente campanha contra a imagem e o legado político do maior líder popular do país.

Nos últimos dias, setores políticos e jurídicos debatem a situação de Lula, que aguarda uma decisão do Supremo Tribunal Federal (STF) sobre a anulação das sentenças impostas pelo ex-juiz federal Sérgio Moro, marcadas por inúmeras ilegalidades numa afronta aberta à Constituição Federal e à democracia. "Anular a sentença injusta de Moro contra Lula é imprescindível para o Estado Democrático de Direito e palavra de ordem para quem luta pela democracia", tem argumentado a presidente do PT, a deputada Gleisi Hoffmann.

A série de artigos divulgados pelo *The Intercept Brasil*, em meados do ano passado, confirmou os elementos suficientes para anular todas as condenações forjadas pelos métodos da Lava Jato.

Após importantes vitórias jurídicas no âmbito da Segunda Turma do STF, o ex-presidente Lula ainda espera o julgamento do habeas corpus sobre a suspeição do então juiz Sérgio Moro no comando da Operação Lava Jato – uma decisão que pode anular todos os processos dirigidos por ele contra o petista.

Em torno desse futuro julgamento no STF, forças poderosas moverão os seus esforços para impedir uma decisão que favoreça Lula e garanta a recuperação de seus direitos políticos. É preciso, mais uma vez, evitar ilusões desnecessárias nos tribunais superiores, que estão no momento sob o fogo cerrado da polarização política e ideológica em curso no país.

Apesar do enfraquecimento crescente da Lava Jato e das contradições parciais do governo Bolsonaro com os "setores lavajatistas" do MPF, é importante levar em conta a existência objetiva de uma união sagrada de ambos contra Lula e o PT. Ou seja, a atual disputa de rumos no país será um fator presente no julgamento da Segunda Turma do STF – ainda sem uma data definida. Tudo indica que Lula terá pela frente uma nova e dura batalha política, jurídica e midiática.

O PT e seus aliados precisam promover urgentemente uma ampla e vigorosa jornada pela anulação das criminosas e ilegais sentenças contra Lula. As campanhas eleitorais do PT para as prefeituras também devem levantar a bandeira em defesa da recuperação dos direitos políticos do ex-presidente.

Portanto, a demanda pelo fim da proscrição política de Lula está inserida no combate de fundo contra o projeto neoliberal das classes dominantes e do imperialismo operado pelo desastroso governo de Bolsonaro.

Quatro desafios para a esquerda nas eleições de novembro

Publicado em 26/07/2020

As eleições municipais de 2020 ocorrerão em um cenário marcado pelo desastroso governo do presidente Jair Bolsonaro, com o avanço desenfreado da pandemia da Covid-19, que já levou a vida de mais de 70 mil brasileiros e uma crise econômica e social sem precedentes – com milhões de desempregados e da paralisia completa da economia real, rebaixando as condições de vida dos trabalhadores e da classe média empobrecida. Além disso, a política econômica neoliberal de Paulo Guedes promove o mais amplo e completo desmonte do estado nacional e dos instrumentos estatais de políticas públicas.

Ao mesmo tempo, uma intensa luta política e cultural atravessa o país, polarizando as opiniões sobre a permanência ou a saída do governo da extrema direita que ocupa o Palácio do Planalto. Diante da escalada de ameaças golpistas de Bolsonaro e dos generais, nos últimos meses, setores do establishment e da velha direita neoliberal – representada por partidos como PSDB, DEM, MDB, entre outros – operam uma política de contenção do bolsonarismo via as instituições de Estado: STF, Congresso Nacional e setores do Ministério Público Federal (MPF).

No campo da oposição, existe uma forte divisão sobre qual a melhor tática para enfrentar e derrotar o governo Bolsonaro. Partidos de centro-esquerda (PDT, PSB, Rede, PV e Cidadania) defendem uma aliança com as velhas forças da direita na chamada "Frente Ampla", já rechaçada pelo presidente Lula, ainda a principal liderança popular do país. A oposição de esquerda integrada pelo PT, PSOL, PCB, UP e PCO batalham pelo "Fora, Bolsonaro! e impulsionam uma campanha pelo impeachment da chapa Bolsonaro e Mourão. O PCdoB oscila entre as duas posições, mas defende a tese da "Frente Ampla".

É nesse contexto que a esquerda vai para a disputa eleitoral de novembro. Ainda com Lula sem os direitos políticos, que foram subtraídos pela farsesca e criminosa operação Lava Jato.

Neste sentido, quatro desafios estão postos de forma praticamente irrecusável para a esquerda no processo eleitoral em construção:

1) A busca da unidade possível: em São Paulo, Rio de Janeiro e Belo Horizonte, o cenário, até o momento, é preocupante, com a dispersão da esquerda em várias candidaturas. Em SP, a candidatura de Guilherme

Boulos, pelo PSOL, apresenta maior musculatura política, segundo as últimas pesquisas. Jilmar Tatto (PT) segue estagnado em torno de minguados 2% e 3%. O PCdoB lançou o deputado federal Orlando Silva. Ou seja, um quadro de dispersão da esquerda, o que pode facilitar a recondução do tucano Bruno Covas ao governo paulistano, um aliado estratégico do governador João Doria. É necessária a redefinição da tática eleitoral do PT em São Paulo. No Rio de Janeiro, com a desistência de Marcelo Freixo, o quadro aponta para a fragmentação da esquerda com Benedita da Silva pelo PT, uma candidatura do PSOL e a centro-esquerda (PDT e PSB) apresentando a delegada Marta Rocha, bem situada nas pesquisas.

Em Belo Horizonte, se repete também o quadro de fragmentação com o PT que lançou o ex-ministro Nilmário Miranda, o PSOL lançou a deputada federal Áurea Carolina e o PCdoB também terá candidatura própria.

Em Porto Alegre e Belém foi possível avançar em chapas mais unitárias. Em Porto Alegre, o PT indicou o ex-ministro Miguel Rossetto para a vice de Manuela D'Ávila (PCdoB). O PSOL ainda hesita em apoiar a fórmula encabeçada por Manu. Em Belém, Edmilson Rodrigues (PSOL) unifica a esquerda (PT e PCdoB) e avançou em alianças com partidos da centro-esquerda como PSB, PDT e Rede. Em Recife, o PT lançou a candidatura da deputada federal Marília Arraes, que conta com o apoio do PSOL, para enfrentar a candidatura governista de João Campos (PSB).

É urgente um esforço das lideranças dos partidos de esquerda – principalmente do PT, PSOL e PCdoB – no sentido da construção de uma agenda unitária para as eleições municipais, respeitando os processos internos de cada legenda e as dinâmicas de autoconstrução partidária, ditadas pela atual legislação eleitoral.

Buscar a unidade possível, sem exclusivismos e preconceitos, como uma resposta política organizada da esquerda para abrir caminho por um novo projeto de país é um desafio posto nesta conjuntura.

2) Nacionalizar a campanha e impulsionar o "Fora, Bolsonaro!": uma campanha combativa de denúncia e protesto contra o governo Bolsonaro e das mazelas de seu desgoverno: escalada do desemprego, descaso com os efeitos da pandemia do coronavírus na população e do desmonte dos serviços públicos de atendimento da população – SUS, filas para receber a aposentadoria no INSS, desmonte do sistema público de procura de empregos, dificuldades para acessar o BPC (Benefício de Prestação Continuada para idosos e deficientes), o FIES (financiamento estudantil), regressão no Programa Minha Casa Minha Vida, desmonte das políticas públicas na área cultural, violência policial contra os jovens nas periferias, pela extensão do auxílio emergencial, entre outras questões.

3) Uma agenda antineoliberal nas eleições municipais: nas capitais e regiões metropolitanas é indispensável a ligação entre os problemas locais com as questões nacionais que entravam o desenvolvimento dos municípios: EC 95 (teto dos gastos), ajuste fiscal regressivo de Paulo

Guedes, novo Pacto Federativo, Fundo de Participação dos Municípios (FPM), Fundeb (financiamento do ensino básico e creches). Evitar o discurso localista e despolitizado, com proposições melhoristas sem levar em conta a agenda de Bolsonaro e Paulo Guedes que sufocam as gestões municipais.

4) Reatar com a classe trabalhadora e com a população mais pobre: a esquerda deve aproveitar as eleições municipais para reatar com os setores da classe trabalhadora e do numeroso e vasto precariado que foram capturados pelo bolsonarismo. Somente com uma forte denúncia do governo Bolsonaro e de suas ações contra os trabalhadores e a população mais pobre, será possível provocar o descolamento desses setores – que são os mais afetados pela crise econômica-social e sanitária em curso. É o povo trabalhador e excluído que foi chamado, mais uma vez, a pagar a conta da crise do modelo capitalista neoliberal com desemprego, redução de salários, retirada de direitos, precarização laboral sem precedentes e a ampliação da miséria. A mobilização dos trabalhadores de aplicativos, das torcidas organizadas e dos trabalhadores e trabalhadoras da saúde pública indicam o rumo para a esquerda incendiar novamente o imaginário e as esperanças das massas trabalhadores e pobres do país -, atores sociais fundamentais para derrotar o projeto da classe dominante de recolonização do Brasil.

pólen soft 80 gr/m2
tipologia palatino linotype
impresso na primavera de 2020